1976年の新宿ロフト

平野悠

星海社

283
SEIKAISHA SHINSHO

SHINJUKU
LOFT
VE HOUSE
SHINJUKU

プロローグ

2021年3月、ライブハウス「ロフト」グループは創立50周年を迎えた。半世紀という道程の中で様々な困難な局面はあったものの、ロフトは潰れずに生き長らえてきた。私たちは70年代初頭の日本で巻き起こったフォーク／ロックという新たな音楽ジャンル、新興のムーブメントを支持する立場を貫いてきた。その誕生の歴史は、かつてはセゾングループの一員であり、現在はセブン＆アイ・ホールディングス傘下の「ロフト」より長い。

1986年6月に東京厚生年金会館で行なった新宿ロフト10周年記念イベント、1997年7月に日本武道館で行なった新宿ロフト20周年記念イベント。あるいは、1991年に新宿ロフト、クラブチッタ川崎、渋谷公会堂（現・LINE CUBE SHIBUYA）、日比谷野外音楽堂の４カ所で行なったロフト創立20周年記念サーキット・イベントなど、ロフトではこれまで折に触れて数々のビッグ・イベントを仕掛けてきた。創立50周年という大きな節目には、スタッフ連中が張り切って西武ドーム（現・ベルーナドーム）でも借りて一大イベントを打とうなんていう話もあったのだが、ご承知の通り、新型コロナウイルス感染症の世界的流行により頓挫してしまった。ビッグ・イベントを仕掛ける以前に、新宿ロフトを始めとするロフトの10店舗は日夜行なう通常のライブがまともに開催できない事態に陥り、会社全体の経営維持は困難を極めた。

このコロナ禍のさなか、日本でも多くの企業が激しいリストラを断行せざるを得ない時期でもあった。ここ数年はライブハウスブームの追い風もあり、ロフトグループが直接経営するライブハウスは地方も含めて10軒以上にもなったが、２０１９年の暮れ頃から始まったコロナ禍はライブハウスにとってまさに脅威、大打撃だった。ライブはほとんどやれずじまいで収益が絶たれたが、人材を人財と捉えるロフトは社員（正社員五十数名、アルバイト１００名）の首を一切切らないと宣言し、２億円もの借金を政府系金融機関から借りることにしたのだ。政府のコロナ対策のおかげで、この借金は無担保、無保証人、金利1％という好条件だったのだが、「ライブハウスは三密（密閉・密集・密接）の最前線」と揶揄されながらも、私たちはこの未曽有の苦境を耐え忍んでいた。

そんな折、タブロイド判夕刊紙『日刊ゲンダイ』の編集部から私に連絡が来た。「『ロフト創業者が見たライブハウス50年』という連載が企画会議で通り、是非とも掲載させていただきたく、ロフトの創業者である平野さんに連載記事を書いてほしい」という依頼だった。編集担当は、かつて下北沢ロフトでアルバイトをしたこともあるという男だ。

まもなくロフト創立から半世紀が経とうとしていた。ライブハウスなどまだ東京に一軒もなく、『シティィロード』や『ぴあ』といった情報誌もない時代、私はほんの手作りの店舗をこしらえて出発した。それから50年もの歳月が経過したのだ。ロフト創立前夜の60年代後半、日本のポピュラー音楽は外国のロックの高揚を目の当たりにして、音楽家たちの多くは見よう見まねで外国のレコードをコピーするばかりだった。ロック・ミュージックの微風すら起こせなかった時代を経て、日本のロック・シーンは70年代に入るとわずか数年で怒濤の如く成長し、生まれたばかりの日本のロックは見る見るうちに歌謡曲全盛の芸能界を席巻、やがて日本の音楽業界全体を席巻する存在として大いなる発展を遂げていった。

この日本のロック・シーンを牽引し、その先頭を往く気鋭の音楽家たちと常に併走してきたのがライブハウス「ロフト」の存在だと思う。今や全国に2000軒以上のライブハウスが存在し、街中にあるライブハウスという言葉は常用語となり、日本のカルチャーの中にもしっかりと定着した、もはやなくてはならないコミュニケーション空間、情報発信基地となった。

そんなライブハウスがここ日本で浸透していく萌芽の年、それが1976年だった。1976年10月の新宿ロフトのオープンは、日本のロックが真の意味で市民権を勝ち取る前哨戦だったわけだ。80年代に入ると空前のバンド・ブームが訪れ、ホコ天にイカ天と、多くの若者から絶大な支持を得た日本のロックは全盛を極めるようになった。その発火点として新宿ロフトが果たした功績は大きい。そして、その新宿ロフトがオープンに至る過程もまた重要であり、そこからさらに遡り、前時代的だった60年代後半の日本の音楽業界の在り方や、それに異を唱えるべく1971年3月に烏山ロフトが生まれた時代背景を再検証する必要がある。

本書は、『日刊ゲンダイ』にて連載が続いた『ロフト創業者が見たライブハウス50年』の記事をベースに、ライブハウスという新たなカルチャーが胎動した時代の息吹や熱気を伝えたいという趣旨のもと企画された。過去にロフトに関する書籍としては『定本ライブハウス「ロフト」青春記』(世界書院、2020年刊)があるが、そこでは深掘りされていない〝1976年の新宿ロフト〟のエピソードを大きな軸として、日本のフォーク／ロックの高揚と停滞、長く曲がりくねった歴史を体感していただきたい。

本書は『日刊ゲンダイ』にて2020年6月から2021年11月まで掲載した連載記事「『ロフト』創業者が見たライブハウス50年」を大幅に加筆したものである。また、「第2章　1976年の新宿ロフト　平野悠×牧村憲一　対談」は本書用に録り下ろした。

目次

第1章　ロフト創業

～新宿ロフトオープンまで（1971年～1976年）

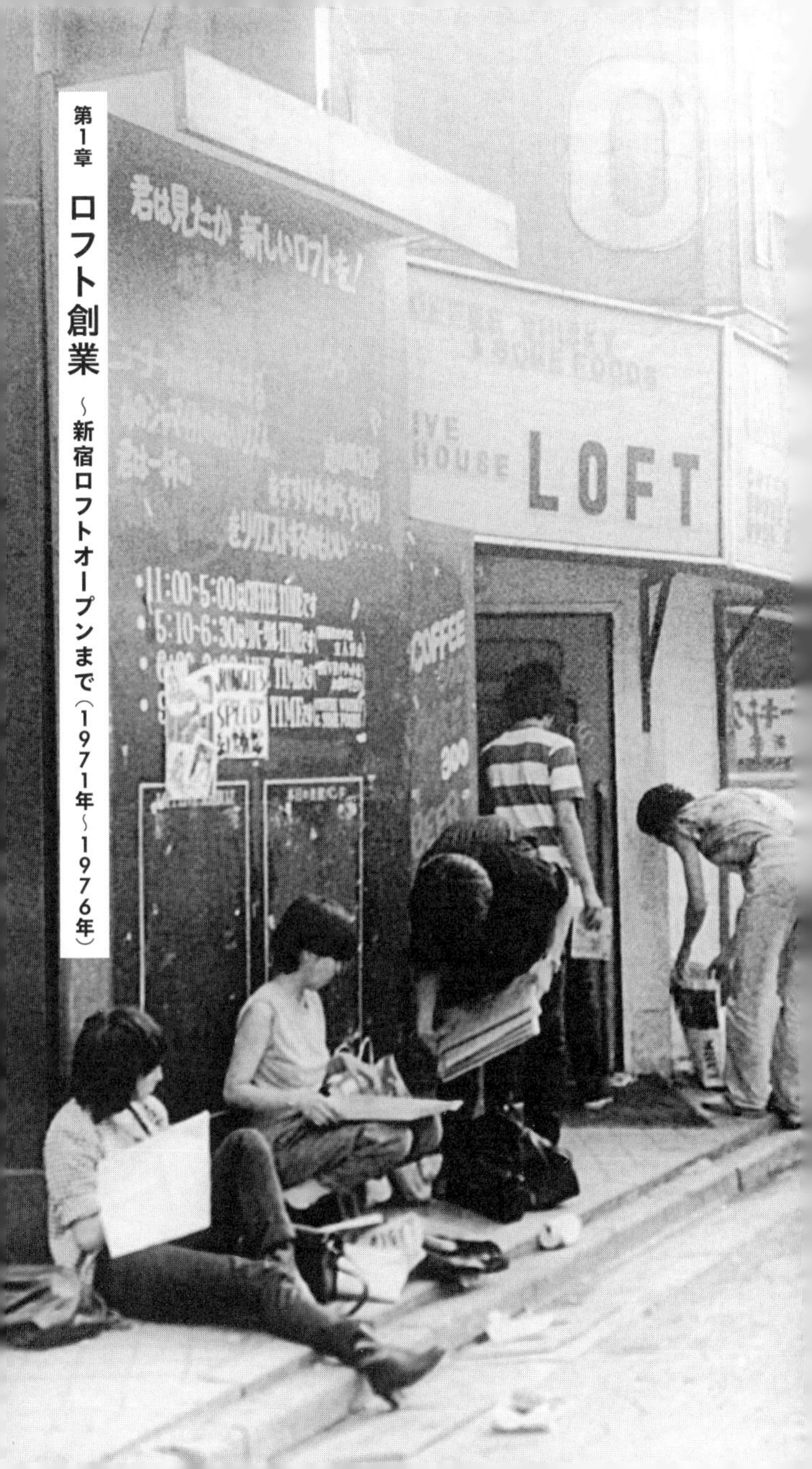

1976年10月。ロフトは1973年から続けてきた「ライブハウス」の集大成、決定版として新宿に進出することになった。ロフトが経営する東京のライブハウスとしては、西荻窪、荻窪、下北沢、そして新宿と、実に4軒にもなった。

この時代、それまで東京のロックやジャズ文化の情報を熱心に発信し続けてきた中央線三寺文化圏（吉祥寺、高円寺、国分寺）は、新宿や渋谷といった巨大ターミナル周辺に現れたロックのライブ拠点の巨大な力に搦《から》め取られていくことになる。大都市・東京のターミナルに、新宿のルイードや開拓地、渋谷の屋根裏やライブ・インは圧倒的なロック・ライブを連日開催し、ロック情報を流し始めたのだ。さらには東京厚生年金会館、渋谷公会堂、渋谷エピキュラス、東京郵便貯金会館などの大型な公のハコでもロックのコンサートが盛んに行なわれていた。

70年代初頭に生まれた日本語のロック・シーンは、まだいわゆる歌謡曲全盛の芸能界からは無視され続けてきたわけだが、少数派ではあったものの、ようやくわれわれの支持する音楽が花開いていく時代でもあった。

1971年3月に烏山ロフトという小さなジャズ喫茶から出発したロフト。いつしか私は自分の店でライブをやりたいと考え、西荻窪ロフト（1973年6月）を皮切りに、荻窪ロフト（1974年11月）、下北沢ロフト（1975年12月）と、ほぼ1年に1軒のペースで矢継ぎ早にライブスポットをオープンさせた。それは日本語で唄われる日本独自のフォークやロックが急速に若者たちに支持されていくのと呼応する形であり、まだライブハウスという言葉もなく、ライブ自体をやれる場所が少なかった時代に「ロフト」が果たした役割は非常に大きかったと言える。

1976年10月には西新宿の小滝橋通りに新宿ロフトがオープン。70年代末期のパンク・シーン、80年代の空前のバンド・ブーム、90年代のメロコアやスカコア・シーンはすべてこの新宿ロフトから始まった。つまり現在まで脈々と続く日本のフォーク／ロックの歴史はそのまま「ロフト」の軌跡と符合するのだ。

それからわれわれはマイナーな存在だったロック文化（ライブハウス）の先頭を走り抜いてきたわけだが、全国から熱く押し寄せてくるロック・ムーブメントを懸命に追いかかける形になった。ロフトは70年代前半に西荻窪、荻窪、下北沢に50～100人規模（当時はまだオールスタンディングというシステムはなかった）のライブ空間を次々と開店させた。新宿ロフト以前のロック系ライブハウスは、ロフト3軒のライブ空間を筆頭に、中央線には曼荼羅（吉祥寺）や次郎吉（高円寺）、そのほか小さなライブ空間がたくさんできてこのシーンを担ってきたのだが、その多くは本格的なロックを演奏するにはちょっと物足りなく、不十分だったと考えていた。しかし、集客の点ではまだまだ多くのロッカーは無名な存在であり、ライブハウスに100人以上の集客があるバンドは数少なかった。

そんな中、ロフトは荻窪ロフトに次ぐ下北沢ロフトの圧倒的な成功を踏み台として、300人を収容する大型のライブハウス構築に向けて活動を開始していったのだ。それほど下北沢ロフトは多くのミュージシャンの溜まり場となり、1976年の新宿ロフト誕生は大きな話題となった。この時点からロフトは日本のロックが市民権を獲得していく重要な拠点となり、次世代を担う音楽に携わるまだ名もなき若者たちがこぞってロフトに集うようになる。

まずは新宿ロフトのオープンに至るまで、烏山ロフトから下北沢ロフトまでの歩みを振り返ってみよう。

ジャズスナック・ロフト誕生（1971年）

1971年春、私は26歳。当時、私には妻と子どもがいた。さらにはかつての政治の季節の時代、全共闘運動で複数回逮捕されていたので就職もままならなかった。まだ怖いもの知らずの青春の真っ只中、私は特に落ち込むこともなく意気軒昂だったが、これから家族を養うための生活を考えなければならない苦境にいたのだ。そこで私は手持ちの数十枚のレコードをもとに、京王線の千歳烏山にジャズスナックを開店さ

烏山ロフトのフライヤー

せた。7坪の木造モルタル造りで、開店当時はログハウス風のジャズ喫茶だった。自分としては本格的なジャズ喫茶を作りたかったのだが、それはまことに危なっかしい船出であった。吉祥寺や新宿の老舗ジャズ喫茶は数万枚のレコードストック、巨大なスピーカー・システムを所有し、専属の皿回しまでいたのだ。そんなノウハウもなく、わずか数十枚のレコードしか持っていない私がジャズ喫茶を名乗るなんて、あまりに無茶な話だった。

だがそれが、その後50年も続くロフトの始まりだったのである。ロフトとは屋根裏部屋のことで、当時、ニューヨークの芸術家の卵たちがソーホー地区を中心に屋根裏部屋をシェアして安く借りていた。その共同の作業場を「ロフト」と呼んでいたことから命名したのだ。

当時はいわゆるスナック・ブームだったこともあり、できたばかりの烏山ロフトにもそこそこ若いお客さんがやってきて、彼らの溜まり場にもなっていった。そんな若いお客さんたちが「この店は私が持っているレコードよりストックが少ない。かわいそうだから私のレコードを聴かせてあげよう」と同情してくれたのかどうかは知らないが、私はお客さんが持ってくる得体の知れないレコードを貪るように聴くようになった。そして、「ロックってすごいな。日本のフォークソングも捨てたもんじゃないな」と痛烈に思ったものだ。一番初めにぶっ飛んだのが、ピンク・フロイドの名盤『原子心母』やレッド・ツェッペリンの「ブラック・ドッグ」といったナンバー。圧巻だったのは山下洋輔トリオによるフリージャズの名盤『DANCING古事記』であった。私はその頃、ジャズと言えばジョン・コルトレーンばかり聴いていて、あまり好きではなかったフリージャズで感動したのは初めての経験だったのだ。さらには、高石ともや、岡林信康、三上寛、高田渡、友部正人、浅川マキ、大塚まさじといったレコードに傾倒していった。若者たちはこれでもか、これでもかと自分の手持ちのレコードを持って店にやってきたのだ。結果的に私は若いお客さんたちからロックやフォークを教わることになった。「このレコードいいね。ちょっと貸しておくれ」と言って、店にはお客さん用のレコード棚ができていったのだ。

そんなふうに、烏山ロフトは看板として掲げていたジャズスナックの店から、ジャズ、ロック、フォークといった雑多な音楽を楽しめる空間へと店のコンセプトを変えた。

烏山ロフトの常連メンバーは多士済々。店の近所に音大や芝居の稽古場があり、東京藝大大学院に通っていた坂本龍一さんは、女子音大生のレポートを1杯の水割りと交換にスラスラと書き上げて人気があった。『平凡パンチ』などで署名原稿を書いていた生江有二さんのレポは圧巻だった。彼が落書き帳に書き記したレポを読みに来るお客さんもたくさんいた。〈最後の全共闘〉と言われた明大の二木啓孝さんの姿も、毎夜のように見られた。

初めての店だったので、私も躍起だった。昼の12時から翌日の始発時間までの営業を連日貫いたのは、若いからできたことだったと思う。今にも潰れそうだった7坪の烏山ロフトは若いお客さんたちに支えられ、半年後にはそこそこの黒字となった。オープン3カ月でなんとか滞りなく家賃が払えて従業員も雇えるようになった。しかし、わずか7坪の店、15人もの客で店が一杯になってしまう、1日2万円の売り上げだけの店では自分の将来に展望は開けなかった。そこで親から借金をして、頑張って2軒目の店を探すことになった（なお、その後、烏山ロフトは1975年に閉店する）。

ライブハウスへの目覚め ～西荻窪ロフト（1973年）

ロフト2軒目の店は、1973年6月にオープンしたフォーク系を中心としたライブハウス、西荻窪ロフトだった。中央線・西荻窪の北口商店街の一角にあり、広さは15坪。まだライヴハウスという言葉すらなかった時代、そのオープンはジャズ系以外の日本のフォーク／ロックのミュージシャンにとっては画期的な出来事だったようだ。自由に歌え、演奏できる空間の誕生に、新進気鋭のミュージシャンの誰もが喜んでくれたのだ。

西荻窪ロフトの外観

この西荻窪ロフトは、浅川マキ、頭脳警察、山下洋輔、友部正人、ディランII、坂本龍一、南正人など、各ジャンルのミュージシャンに演奏の場を提供。以降、浜田省吾、ALFIE（アルフィー）、山崎ハコ、森田童子、南佳孝などのニューミュージック・シーンを代表する人々の常演する場所となっていった。1980年に閉店。

私がライブハウスをオープンすることになった経緯はこうだ。烏山ロフトで毎夜、私は熱っぽく、2軒目の店舗のイメージをお客さんたちに語っていた。ある夜、常連の音楽ライターであるSさんがこんな話をしたのだ。

「平野さんは前からはっぴいえんどや山下洋輔トリオを生で見たいと言っていたじゃな

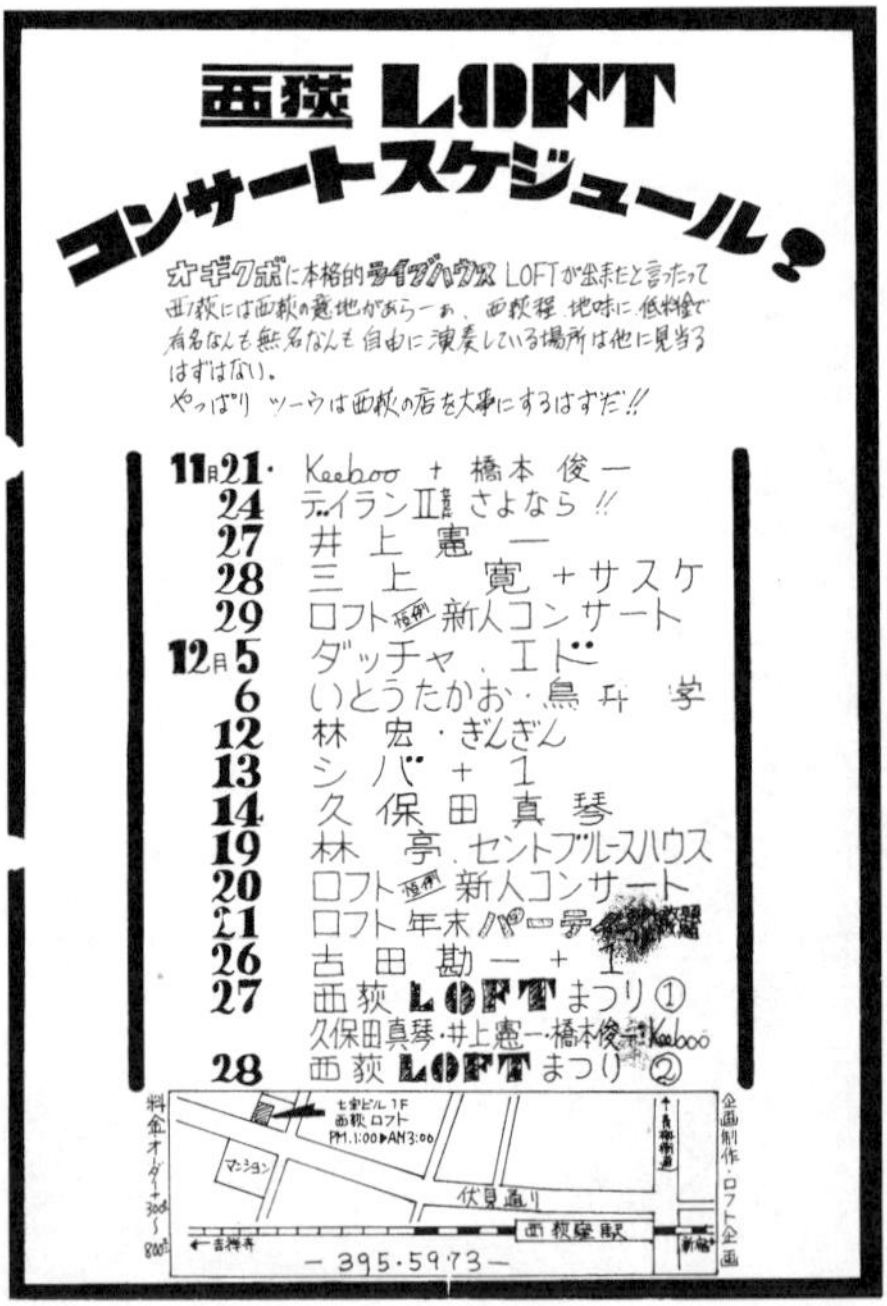

西荻 LOFT
コンサートスケジュール？
オギクボに本格的ライブハウス LOFTが出来たと言ったって
西荻には西荻の意地があらーぁ、西荻程、地味に、低料金で
有名なんも無名なんも自由に演奏している場所は他に見当る
はずはない。
やっぱり ツーウは西荻の店を大事にするはずだ!!
11月21・ Keeboo + 橋本俊一
24 ディラン II さよなら!!
27 井上憲一
28 三上寛 + サスケ
29 ロフト 恒例 新人コンサート
12月5 ダッチャ、エド
6 いとうたかお・鳥井学
12 林宏・ぎんぎん
13 シバ + 1
14 久保田真琴
19 林亭、セントブルースハウス
20 ロフト 恒例 新人コンサート
21 ロフト 年末パーティ
26 古田勘一 + 1
27 西荻 LOFT まつり①
久保田真琴・井上憲一・橋本俊一・Keeboo
28 西荻 LOFT まつり②
料金 オーダー + 300～800
七宝ビル 1F
西荻ロフト
PM.1:00▶AM3:00
マンション
伏見通り
西荻窪駅
←吉祥寺
新宿
−395・5973−
企画制作・ロフト企画

西荻窪ロフトのフライヤー

いか。今は東京はもちろん、日本全国にロックやフォークを聴かせるライブ空間がほとんどない。これはとても悲劇的なことで、海外のロック・シーンに比べると大きな損失だ。これからは間違いなく日本にもロックの時代がやってくる。今からそんなライブ空間を作れば、平野さんは日本のロックやフォークのパイオニアになれるよ」

Sさんは、ロフトの2軒目の店はライブハウスにするべきだと主張する。

〝パイオニア〟という言葉の響きに私は虜になった。これは私にとって、なんとも考えてもみなかった提案でもあった。次第に私はこの真新しいアイデアにのめり込み、未知の世界を空想した。

私は当初、村瀬春樹さんらが開いた吉祥寺のカフェ、BLUES HALL/武蔵野火薬庫を名乗るぐゎらん堂のような、若者が集まって支持される空間をイメージしていた。しかし最終的に私は、あくまでライブスポット、あるいはライブハウスと呼ばれる、音楽家たちが自由に演奏できる空間を創作することを決断した。店作りに自信は全くなかったが、できればぐゎらん堂と同じ吉祥寺に出店したかった。だが、吉祥寺は家賃が高すぎて手が出ない。それで隣駅の西荻窪の駅近くに20坪の物件を見つけ、そこで店を開くことにした。その物件を一番喜んでくれたのは、山下洋輔の所属事務所であるテイクワンを運営していた柏原卓だった。マイクスタンドの立て方もわからない私に、彼らテイクワンのスタッフ（のちに音楽ライター／プロデューサーとして活躍する長門《ながと》芳郎《よしろう》、はっぴいえんどを支援していた風都市にいた前田祥丈らが在籍）は快く店舗運営の協力をしてくれた。ブッキングのノウハウやPA機材の訓練を彼らに受け、なんとかオープンに漕ぎ着けた。

オープニング・セレモニーの第1弾は、もちろん山下洋輔トリオにやってもらった。山下洋輔トリオに演奏してもらうために私はわざわざ中古のアップライトピアノを買ったのだが、フリージャズならではの山下さんの熱のこもった奏法によって、1日でペダルが2本とも壊れてしまった。それでもやはり、生の演奏の迫力には感激した。ジャズ喫茶では決して味わえないライブハウスの魅力をオープン早々に知った。

それと同時に、ライブだけでは決して店を維持できないこともすぐにわかった。当時、ミュージシャンへ支払うギャラは、固定で2万円が必要だった。だが、ほんの一部のバンドを除き、ライブの客はほとんどが数人という有様。もちろん『ぴあ』も『シティロード』といった都心の情報誌もまだない時代。私たちが支持する音楽はまだまだマイナーな存在であった。

私は開店3カ月目で固定ギャラ制度をやめて、入った客人数分のチャージを全額ミュージシャンに返すシステムに変更した。それは、チャージとは演者のものであり、店はドリンクと食事だけで売り上げを稼ぐべきという私なりの考えがあったからだ。ライブを続けていくにはそれしか方法がなく、しっかり稼がなければ店が潰れてしまうと危機感を抱いた。だが、そんな切迫感があったからこそ真剣に店舗を維持することと向き合えたのだろう。今ではこのチャージバック・システムが全国のライブハウスにとって基本ツールとなっている。

しかしその後、ロックが人気を集めるようになると、バンドやマネジメント側はより良い音や照明の効果を求めてくるようになった。そうした演出の技術や良い機材を持っていないと、お客さんの入るバンドは出てくれない。結局、ライブハウス側はその機材費捻出のためにチャージにまで手をつけるようになった。おそらく、現在のほとんどのライブハウスはこうした形態になっていると思う。

毎日のライブ開催は集客も見込めず、到底無理なので、ライブは週末の金、土、日曜、祝日の夜に絞った。店は昼間の12時から夕方の6時までロック喫茶をやる（もちろんジャズやフォークのレコードも揃えた。吉祥寺にあった「赤毛とソバカス」に近いロック喫茶だ）。ライブのある日は夕刻6時でリハーサルに入り、夜の10時頃までがライブの時間だった。それから店を勢いよく片付け、ロック居酒屋として中央線の始発までの商売を続けた。

こうしたシステムは新宿ロフトまで続くわけだが、それはライブだけではとても店を維持することができないと過去の店舗経営から学んでいたからだった。現在、ライブハウスを経営するオーナーの多くは、そんな事情は知らないに違いない。

さらに困ったのは、近隣への騒音問題だった。地上1階、スーパーマーケットの一角にあった西荻窪ロフトは、ロックの生演奏ともなるとてつもない音が外へ飛び出し、近隣からものすごい苦情と抗議があった。ライブ中に隣の魚屋の親父が「うるさい！　音を止めろ！」と包丁を持って飛び込んできたこともあった（山下洋輔さんのライブの日だった）。まったく、無知というのは恐ろしいことで、私としては全く予期していなかった問題が起きたのだった。そうした経緯もあり、日本に久しぶりに出現した西荻窪ロフトという貴重なライブ空間は、オープンから数カ月後にはもう弾き語りのライブしかできないことになってしまった。

初めてのライブハウス経営はそんな苦難の連続で、お客さんも少なかったが、武蔵野フォーク村の面々が全面的に支援してくれた。井上憲一、南正人、高田渡、友部正人、シバ、関西フォークの一派などが西荻窪ロフトの常連演奏者だった。ムーンライダーズや裸のラリーズといったロック・バンドはアンプを通さず、マイクなしで歌うことになった。

1974年10月

NIGHT TIME　チャージ（¥200）＋オーダー

3（木）南正人
10（木）久保田麻琴
11（金）井上憲一
17（木）友川かずき
18（金）シバ＋1
24（木）友部正人
25（金）KIBOO
30（水）〈ロフト新人コンサート〉
31（木）シンセサイザー・ショー

1975年11月

NIGHT TIME　チャージ（¥200〜400）＋オーダー

1（土）野沢享司
8（土）長谷川きよし
9（日）下村明彦
12（水）友部正人
13（木）〈詩の朗読会〉
14（金）〈音楽、革命、暴力を語る〉
平岡正明
15（土）〈おばけと円盤を語る〉平野威馬雄
16（日）生田敬太郎／よしこ
22（土）佐渡山豊
23（日）佐藤公彦
27（木）南正人
29（土）宿屋の飯盛／野沢享司
30（日）〈新人コンサート〉

西荻窪ロフト　ライブスケジュール（抜粋）

1976年4月

NIGHT TIME　チャージ（¥200～500）＋オーダー

1（木）飛べないアヒル＋1
8（木）中川五郎
9（金）シバ
15（木）生田敬太郎／よしこ
16（金）森田童子＋1
22（木）友部正人
23（金）24（土）〈詩と歌〉
23（金）〈アメリカをうたう〉諏訪優
24（土）〈津軽をうたう〉諏訪優＋三上寛
28（水）〈新人コンサート〉
29（木）KEEBOW
30（金）休みの国／佐藤やすお

1976年6月

NIGHT TIME　チャージ（¥200～500）＋オーダー

4（金）渡辺勝
5（土）中山ラビ
11（金）長谷川きよし
12（土）山下成司／朝野由彦
13（日）佐渡山豊／きくち寛
18（金）KEEBOW
19（土）よしこ／あべあきら
25（金）26（土）森田童子
〈ゲスト〉25（金）浜田省吾
26（土）中塚正人
27（日）ソンコ・マージュ

本格的なロックのライブハウス、荻窪ロフトがオープン（1974年）

ロフト3軒目の荻窪ロフトは、1974年11月に中央線・荻窪にオープンした、当時はまだ珍しかったロック系ライブハウスだ。広さは35坪で、隣近所に遠慮なく音が出せるようにと地下へ潜ることになった。細野晴臣《ほそのはるおみ》、坂本龍一、はちみつぱい、シュガー・ベイブ、ハイ・ファイ・セット、イルカ、ダウン・タウン・ブギウギ・バンド、大貫妙子《おおぬきたえこ》、鈴木茂《すずきしげる》、RCサクセション、サンハウス、四人囃子、桑名正博、ティン・パン・アレー、矢野顕子などのライブを行なった。その動員力はニューミュージックというジャンルを不動のもの

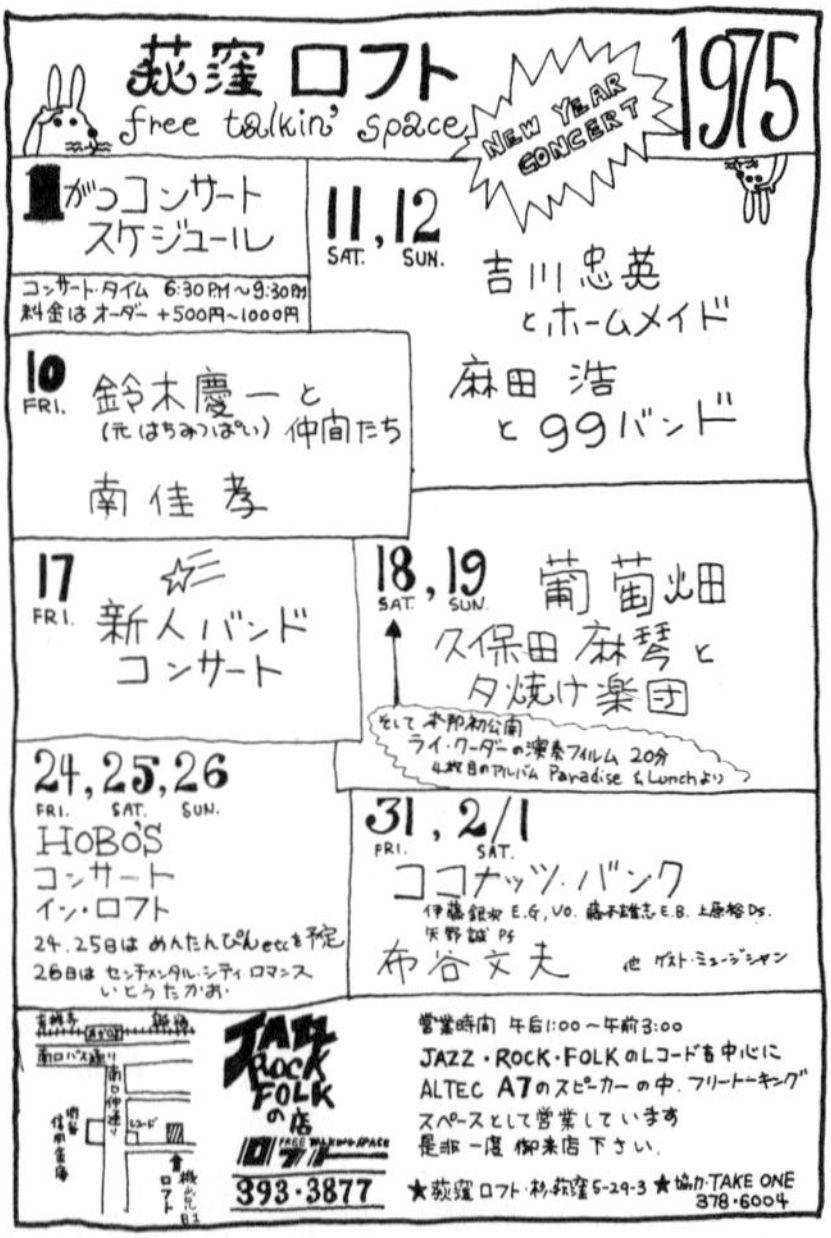

荻窪ロフトのフライヤー

とし、以後の第一次ライブハウス・ブームの火付け役となった。1980年に閉店。

西荻窪ロフトをオープンしてからまだ半年足らずだった頃、私は自由に爆音を出せる「ロックの空間創作」を夢想した。それが荻窪ロフトとして結実したのだ。

そうした本格的なライブハウスを作るには、地下室が絶対的に必要だった。そうでないとまともな音が出せない。それでまた借金をして、地下空間のライブハウスを作ることに決めた。1974年と言えば、福島県郡山市内で『ワンステップ・フェスティバル』という内田裕也と石坂敬一がプロデュースしたロッ

荻窪ロフトの内観

クフェスが開催され、オノ・ヨーコのバンドに交じり、サンハウス、イエロー、外道、めんたんぴん、四人囃子、クリエイション、シュガー・ベイブ、センチメンタル・シティ・ロマンスといった次世代を担うロック・バンドが大挙出演していた。今こそ日本のロックが熱い、この熱を大事にしたい、私はその一心で、ロックを志す若者たちが安心して演奏できる地下空間をなんとか探し求めた。その結果、荻窪駅の南口周辺で探し当てたのは、地下倉庫を改造した、天井がものすごく低い35坪の空間だった。だが、この店はなぜか多くの音楽関係者が絶賛するほどの素晴らしい音を出すことで知られるようになった。フィリップスの30インチ・フルレンジのスピーカー4台は確かに自慢できる良い音だった。それは、荻窪ロフトのスピーカーとコンソールを今は亡き大瀧詠一《おおたきえいいち》事務所のコーチングのもと作られたことが功を奏したのだろうし、天井が極端に低いために音の鳴りが実にシンプルかつストレートに響いたからなのだろう。そうした音響設備の充実も、テイクワンという事務所の協力を得られたからこそだった。また、本格的なジャズやロックのピアノ演奏を聴きたいために、立派なグランドピアノも買った。

この荻窪ロフトは、ティン・パン・アレー系ミュージシャンのたまり場となった。オープニング・セレモニーは、歴史的にもう二度とあり得ない一大セッションが繰り広げられた。細野晴臣、大滝詠一、鈴木茂、松任谷《まつとうや》正隆《まさたか》、林《はやし》 立夫《たつお》、大村憲司《おおむらけんじ》、浜口《はまぐち》茂外也《もとや》、小坂忠《こさかちゅう》、ジョン山崎《やまざき》、小原礼《おはられい》、今井裕《いまいゆう》、ユーミン（荒井由実）、吉田美奈子……大貫妙子は歌う場所がなくて、カウンターの中から歌っていた。

この時代、私たちが支持する音楽はまだ全くのマイナーだったが、当時の高校生相手の深夜ラジオははっぴいえんどを筆頭に日本のロックの生演奏を流すようになったし、『ヤング・ギター』のような雑誌もロフトに興味を持ってページを割いてくれるようになった。荻窪ロフトからの録音中継も何度かあり、たとえば山下達郎や大貫妙子が在籍したシュガー・ベイブの荻窪ロフトでの解散ライブも録音中継されたのだ（シュガー・ベイブのライブにはお客さんがたくさん入るようになっていたし、これから動員を増やしていけば「ロフトの柱になれる」と思っていた矢先だったので、私は彼らの解散には大きな衝撃を受けた）。それが大きな宣伝効果となり、荻窪ロフトは次第にその名を知られ、ライブ以外のロック喫茶、ロック居酒屋の時間でもお客さんが入り始めた。若者たちはリクエストしたレコードから流れる爆音を聴きながら友人たちと酒を飲むようになった。当時はロックの輸入盤が高価で、裸電球、四畳半、煎餅布団で暮らす若者は自由にレコードを買うことができない。そのため、ロック居酒屋に音楽マニアが集まるといった方程式が確立していった。

しかし今でもそうだろうが、名もなきミュージシャンにお金を払ってまで聴きに来る客は数少ない。だが、ライブが終わった後の居酒屋営業では演者も打ち上げとして店に残り、朝まで酒を飲む。お客さんがそれに交わり、演者と一緒に飲むのを目当てに来店するようになる。その結果、お客さんが入り始めて店は黒字となり、当日のライブでどんなにお客さんが少なくても居酒屋で稼いでいるので、儲けのないライブでも続けることができたのだ。私には儲からないライブをやめようという発想はなかった。

その一方で、当時の私は「急がなくては」と常に焦っていた。「このままうかうかしていたら、ロフトは今のロックのスピードについていけない。私たちが築いてきたロック・シーンをなんとしても先頭で切り開いていくんだ」と肝に銘じた。毎日が熱い気持ちだった。全国から押し寄せてくる新しいバンドの斬新な演奏に感動していた。実に楽しかった。ささやかではあったが、「日本のロックの夜明け」が見えてきた。そして荻窪ロフト誕生の3カ月後に高円寺に次郎吉、吉祥寺に曼荼羅、新宿に開拓地、約1年後に渋谷に屋根裏が誕生して首都圏におけるロック文化の礎が出来上がった。こちらから特に声をかけなくてもロフトに出演したいというバンドは全国各地からどんどん集まってくるようになった。だが、毎日ライブをやれるほどではなかった。バンドもお客さんもまだ少なかった。私は断固として、店の経営を維持するために週3日限定のライブにこだわっていた。

1974年11月

NIGHT TIME　チャージ（¥400〜700）＋オーダー

11（月）友部正人／中山ラビ／スラッピージョー
12（火）三上寛／佐渡山豊
13（水）本田竹曠トリオ
14（木）山下洋輔トリオ
15（金）藤竜也を囲んで…？
16（土）はちみつぱい／細野晴臣
17（日）あらいゆみ／パパレモン
22（金）23（土）24（日）〈ティンパーレ・セッション3日コンサート〉（元キャラメル・ママはっぴいえんど）細野晴臣／林立夫／まつとうやまさとし／伊藤銀次／矢野誠／小原弘／はちみつぱい／上原裕／シュガー・ベーブ／他（総勢30名のジャムセッション）
29（金）〈ピアノ・ワークショップ〉佐藤允彦／シャドーマスク
30（土）山下洋輔トリオ

1975年10月

NIGHT TIME　チャージ（¥400〜800）＋オーダー

3（金）4（土）鈴木慶一＆ムーンライダース
5（日）ジュリエット／轍
9（木）ペガサス／クエーサー
11（土）プリフライト／異邦人
12（日）マーブル・ヘッド・メッセンジャー／奇奇耳
17（金）志甫南＆レットハウス・ピープル
18（土）シュガー・ベイブ
19（日）愛奴
21（火）22（水）〈ティン・パン・アレー・プレゼンツ〉鈴木茂ハックルバック／他
24（金）センチメンタル・シティ・ロマンス
25（土）金子マリ＆バックスバニー
26（日）イエロー

1976年8月

NIGHT TIME　チャージ（¥400〜600）＋オーダー

6（金）ミッドナイト・クルーザー
7（土）Char（竹中尚人）
8（日）洪栄龍＆グローリーバンド
13（金）サンハウス
14（土）マーブル・ヘッド・メッセンジャー
15（日）ラストショウ
20（金）クロニクル
21（土）愛奴
22（日）ジュリエット
27（金）28（土）矢野顕子
29（日）桑名正博＆ゴーストタウンピープル

1977年11月

NIGHT TIME　チャージ（¥500〜700）＋オーダー

4（金）あべあきら＆リトル・リーグ
5（土）〈ロッキング・オン・レコードコンサート〉（解説）松村雄策
6（日）連続射殺魔
11（金）ゼウス
12（土）サザンオールスターズ／24アワーズ
13（日）平本和樹
18（金）ボブズ・フィッシュ・マーケット／エド・バンド
19（土）アルフィー
20（日）大沢博美＆ミッドナイト・ムーバーズ
25（金）RCサクセション
26（土）オレンジ・カウンティ・ブラザーズ
27（日）まびい

独自の文化圏でオープンした下北沢ロフト（1975年）

1975年12月、小田急線・下北沢にオープンした40坪のライブハウス、下北沢ロフトは、独自の文化圏・下北沢でロック文化を隆盛させた。サザンオールスターズ、上田正樹、憂歌団、子供ばんど、泉谷しげる、金子マリ、大橋純子、中島みゆき、ソー・バッド・レビューなどが出演したほか、関西のブルース系ミュージシャンの拠点にもなった。

また、タモリが東京初進出のライブを行なったのもこの下北沢ロフトだった。サザンオー

ルスターズの毛ガニこと野沢秀行、元メンバーの大森隆志がアルバイトをしていたことでも知られる。１９８０年、当時の店長へ譲渡。

私は巨大ターミナルである新宿へのロフト進出という夢をいつか実現させるつもりだったが、その前に、当時脚光を浴びていたやはりターミナル駅である下北沢に店を出したいと思った。下北沢駅から徒歩5分ほど、南口の商店街を抜けた所に地下物件を見つけた。その頃全盛だった、イーグルス、リンダ・ロンシュタット、ドゥービー・ブラザーズといったウエストコースト・サウンドを意識したお洒落な内装を目指したが、オープンからしばらく経ち、いつの間にかお洒落とは無縁な関西系ミュージシャン（上田正樹、憂歌団、山岸潤史、ウエスト・ロード・ブルース・バ

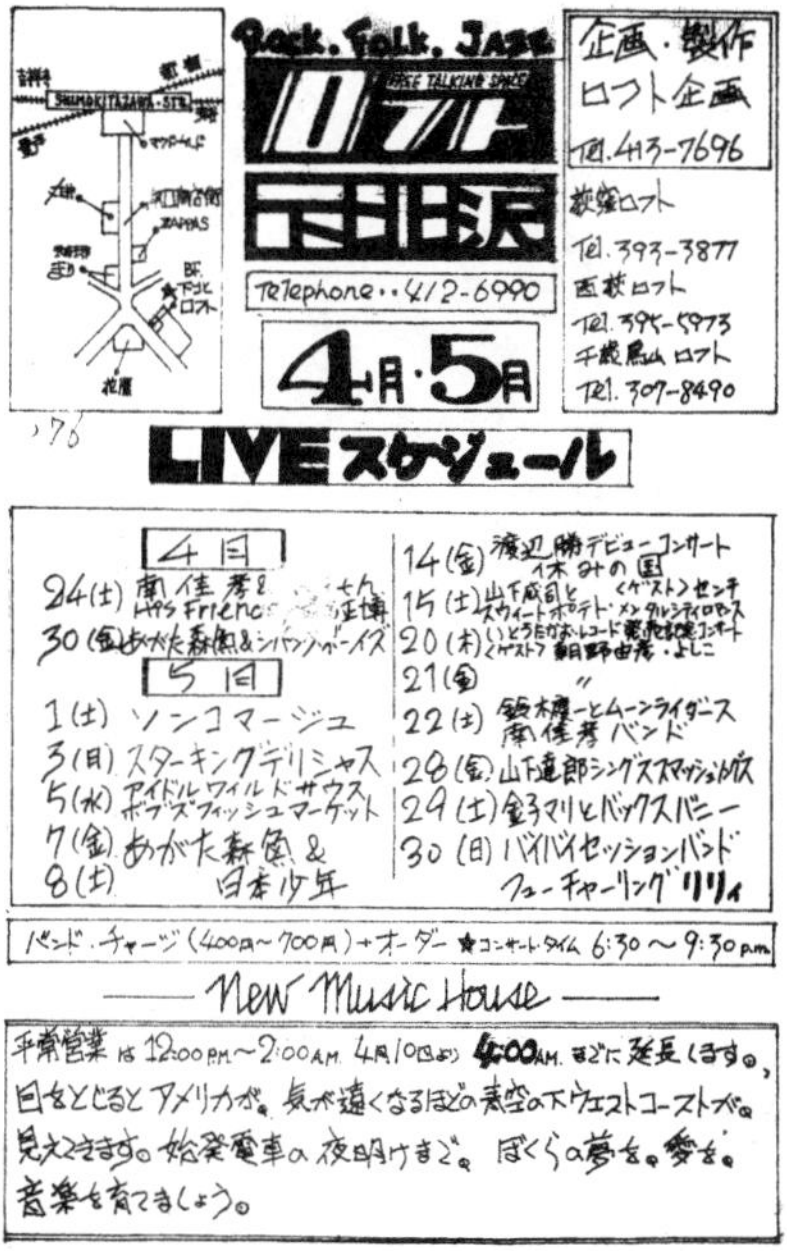

下北沢ロフトのフライヤー

下北沢ロフトの外観

ンドといった面々）の溜まり場となっていった。

ほぼ1年に1軒のペースで新しい店を出していたロフトだが、下北沢ロフトは当初から順調な売り上げを叩き出していた。今でこそ下北沢は音楽と芝居の街として知られ、サブカルチャー文化が根づいた若者に人気のエリアだが、当時の下北沢はまだマイナーのイメージが強かった。本多一夫さんが経営するザ・スズナリや本多劇場がまだオープンしていなかった時期、下北沢の街に突如としてロックが舞い降りてきたという感じだった。街の若者たちはロック音楽に飢えており、このロフトの進出は熱烈な歓迎を受けた。

この下北沢ロフトは、下北沢を活動の拠点に置き、〝下北のジャニス〟と呼ばれていた金子マリ&バックスバニーの根城としても知られた（下北沢には金子総本店という、金子マリの実家である葬儀社がある）。そうした常連がオープン早々ロフトに肩入れしてくれたし、経営面でも充分な売上があった。烏山にロフトの1号店を開店させてから4年、こうして私は有頂天となり、「日本のロックはロフトが領導する！」と息巻いていた。下北沢ロフトでの圧倒的成功は念願の新宿進出という夢の実現に近づき、ロフトの勢いはさらに加速していく。それまで日本のポピュラー音楽の王座に君臨していた歌謡曲に翳りが見えてきた時代でもあり、もはやすぐそこにロックの時代が来ているのを私は実感し、日本におけるロックのパイオニアとしてロフトがじきに天下を獲るのだという意気込みでいた。

店の話とは直接関係ないのだが、ロフトが一貫して標榜してきた〝地元との土着化〟の一環として企画した「下北沢音楽祭」について記しておきたい。

1979年9月1日、2日に行なわれた「第1回下北沢音楽祭」は、「音楽の街としてさらに飛躍しよう」と、地元のロックバー「アダムス・アップル」、ロック居酒屋「ペーパー・ムーン」、ロック喫茶「独」、ジャズバー「レディ・ジェーン」に下北沢ロフトを加えた5店舗が共同企画した野外コンサートだ。本多劇場の建設予定地をほぼ無償で借り、各店舗の若手たちを動員してステージを組み、メディアやレコード会社に金銭を含めた支援は一切頼まなかった。それで入場料は2日通し券で2000円。すべてが画期

1975年12月

NIGHT TIME　チャージ（¥500～700）＋オーダー

4（木）5（金）6（土）〈ティン・パン・アレー・スペシャル・プレゼンツ〉鈴木茂&ハックルバック／他　多数

7（日）あがた森魚

8（月）金子マリ&バックスバニー

9（火）遠藤賢司

10（水）友部正人

11（木）長谷川きよし

12（金）久保田麻琴&夕焼け楽団

13（土）カミーノ（大村憲司／小原礼／村上〝ポンタ〟秀一／是方博邦）

14（日）チャンプ!!　HARUOMI HOSONO　WITH ムーンライダース

20（土）中川五郎レコード・ジョッキー&シング

1976年5月

NIGHT TIME　チャージ（¥400～700）＋オーダー

1（土）ソンコ・マージュ

3（月）スターキングデリシャス

5（水）アイドルワイルド・サウス／ボブズ・フィッシュ・マーケット

7（金）8（土）あがた森魚&日本少年

14（金）渡辺勝デビューコンサート／休みの国

15（土）山下成司とスウィートポテト〈ゲスト〉センチメンタル・シティ・ロマンス

20（木）21（金）〈レコード発売記念コンサート〉いとうたかお〈ゲスト〉朝野由彦／よしこ

22（土）鈴木慶一&ムーンライダース／南佳孝バンド

28（金）山下達郎　シングス・スマッシュ・ソングス

29（土）金子マリ&バックスバニー

30（日）リリィ with バイ・バイ・セッション・バンド

下北沢ロフト　ライブスケジュール（抜粋）

1976年12月

NIGHT TIME　チャージ（¥400〜700）＋オーダー

3（金）金子マリ&バックスバニー
4（土）ラストショウ／よしこ
5（日）長谷川きよし／サンデー・サンバ・セッション（ライブレコーディング）
10（金）愛奴
11（土）ウィーピング・ハープ・セノオバンド
12（日）シーチャン・ブラザーズ
17（金）バイ・バイ・セッション・バンド／ネット・ワーク
18（土）大橋純子&美乃家セントラル・ステイション
19（日）越中屋バンド
24（金）25（土）大貫妙子
26（日）アルバトロス

1979年3月

NIGHT TIME　チャージ（¥600〜1000）＋オーダー

2（金）ロケット
3（土）チャボ／ちゃくら
4（日）佐藤宣彦（元ハリケーン）
9（金）〈東京ワッショイ元祖カラオケ・ロック〉遠藤賢司
10（土）鈴木隆夫&コスメティック
11（日）紀の国屋バンド／Tensaw（from 横浜）
16（金）〈東京ロッカーズ〉S-KEN／自殺／T・モデル／シンクロナイズ
17（土）T-BIRD／深水無門バンド
18（日）太田裕美／ワウワウブラザーズ
23（金）クロスウィンド／兵藤未来
24（土）野毛スマイル（元野毛ハーレムバンド）
25（日）ダディ竹千代&東京おとぼけCats
30（金）三上寛
31（土）河島英五

的だった。

司会はまだ無名だったアルフィーの坂崎幸之助が務め、出演はカルメン・マキ＆5Ｘ with Char、ＲＣサクセション、あがた森魚、山岸潤史セッション、ダディ竹千代＆東京おとぼけCatsなど全16バンド・総勢60人。詰め掛けた観客２０００人が熱狂した。

夜になって照明がともり、ステージに向かって右側の築堤を走る井の頭線の車両が次々と徐行運転した。電車の窓を開けてステージに向かって手を振る乗客、電車を見上げながら手を振り返す観客。翌日の新聞に「電車を停めた音楽祭」という見出しが躍った。当時としても、あり得ない事態の連続に、今でも都市伝説として語り継がれている。

それまでのロフトの集大成だった新宿ロフト（１９７６年）

こうした紆余曲折を経て、１９７６年10月、西新宿の小滝橋通りに新宿ロフトがオープンする。当時最大のスピーカー、ＪＢＬ４５５０を備えた本格的なロック系ライブハウスだ。広さ65坪、キャパシティ３００人というスペースは当時としては画期的で、ニューミュージック系のミュージシャンを総動員したオープニング・セレモニーは大きな話題を呼んだ。

当初はChar、大貫妙子、サザンオールスターズなどが出演していたが、東京ロッカーズのムーブメント以降はＡＲＢ、アナーキー（亜無亜危異）、ルースターズ、BOØWYなど硬派なバンドが多数出演、80年代に空前のバンド・ブームの総本山となったのはご承知の通りだ。

ここまでのロフトの歩みは、日本のフォーク／ロックの進化・発展と軌を一にするものだった。

70年代はまだ歌謡曲というジャンルがメインカルチャーであり、芸能界に支えられた強力で巨大な存在だった。まだマイナーだった60年代後半のフォークソング・ブームを踏み台として発生した邦楽ロック（別名・日本語ロックと言われた）は70年代初頭に細々と生き抜いていたが、日本のロックの牽引者である内田裕也さんの唱える「ロックは英語で歌うべし。そうでないとわれわれロックは世界に通用しない」といったプレッシャーを与えられ、多くのミュージシャンは洋楽ロックのコピーに甘んじていた。そこへ「俺たちは歌いたい歌を自由に歌う、それも日本語で」と宣言したはっぴいえんどは堂々と自国語でロックを歌い始めたのである。そのデビューは、烏山ロフトが生まれる約半年前の１９７０年8月。まだ何者でもなかった彼らの躍進に日本のフォーク／ロックの大きな可能性を感じ取った私は１９７３年に自らライブハウスを興し、その3年後にはロフトの集大成的な店を新宿にオープンさせた。それまでに出店した空間はほとんどが30坪前後。さらにはまだスタンディングライブという形態がなかったため、１００人もお客が入ると一杯になってしまう状況だった。

しかし、70年代中盤から後半にかけての日本のロックの勢いは凄まじいものがあった。

新進気鋭のバンドが次々に全国から東京へ集結してきた。ロック文化が大きくなるにつれ、レコード会社や芸能事務所もそうした新興ジャンルに注目していった時代だ。そのシーンの成熟は乗降客が多いターミナル駅に移りつつあった。まだ西荻窪と荻窪にしかロフトがなかった頃に私が「中央線文化は終わる」という意識を持つようになったのは、渋谷にある屋根裏や渋谷公会堂、新宿のルイードや東京厚生年金会館といった会場がロックの中心地になりつつあったからだ。そこで私は新宿でライブをやれる大きな空間を探し始めたのだ。

とはいえ、ロックが本格的に市民権を得るのはまだ先の話だ。70年代後半のこの時代にロックで成功しよう、儲けようなんて発想は微塵もなかった。ロックとはあくまで非主流の音楽で、それ単体では商売にはならないジャンルだと思われていたのだ。それでも私たちは新潮流の表現であるロックの未来を信じ、大都会の地下室にあるライブハウスから日夜新たな文化が生まれるのだという自負があった。「これからは俺たちロックの時代だ」、そう信じ込ませられるほどの力、私たちを突き動かす衝動のようなものがロックにはあり、これこそが私たちにとっての明確なカウンター・カルチャーであると確信していた。私自身、そうした純粋な思いに駆り立てられて5店ものロフトを息つく暇もなくオープンさせたのだ。

次章では、音楽プロデューサーの牧村憲一さんとの対談を通じて、ライブハウス文化が隆盛した象徴の一つだったと言える新宿ロフトのオープンに焦点を当てる。ライブハウスの運営、ブッキングを務めるなどロフトの内側にいた私の視点、シュガー・ベイブやセンチメンタル・シティ・ロマンスのマネジメント、竹内まりやのプロデュースなどロフトの外側にいた牧村さんの視点、それぞれの立場で複合的に語られるエピソードの数々は一読

の価値があると思う。

１９７６年の新宿ロフト。そのオープンに至る道程に一体何があったのか。その要因と必然性とは何だったのか。また、１９７６年に新宿ロフトが生まれたことで、その後のシーンに与えた影響とはどんなものだったのか。既成文化の対抗文化として生まれたロック、その総本山と位置づけられる前の時代、70年代の日本のフォーク／ロックの揺籃期においてライブハウス「ロフト」が果たしたことをつまびらかにしてみたい。

新宿ロフトのフライヤー

新宿ロフトの内観

LOFT
Pearl

第2章　1976年の新宿ロフト

平野悠×牧村憲一　対談

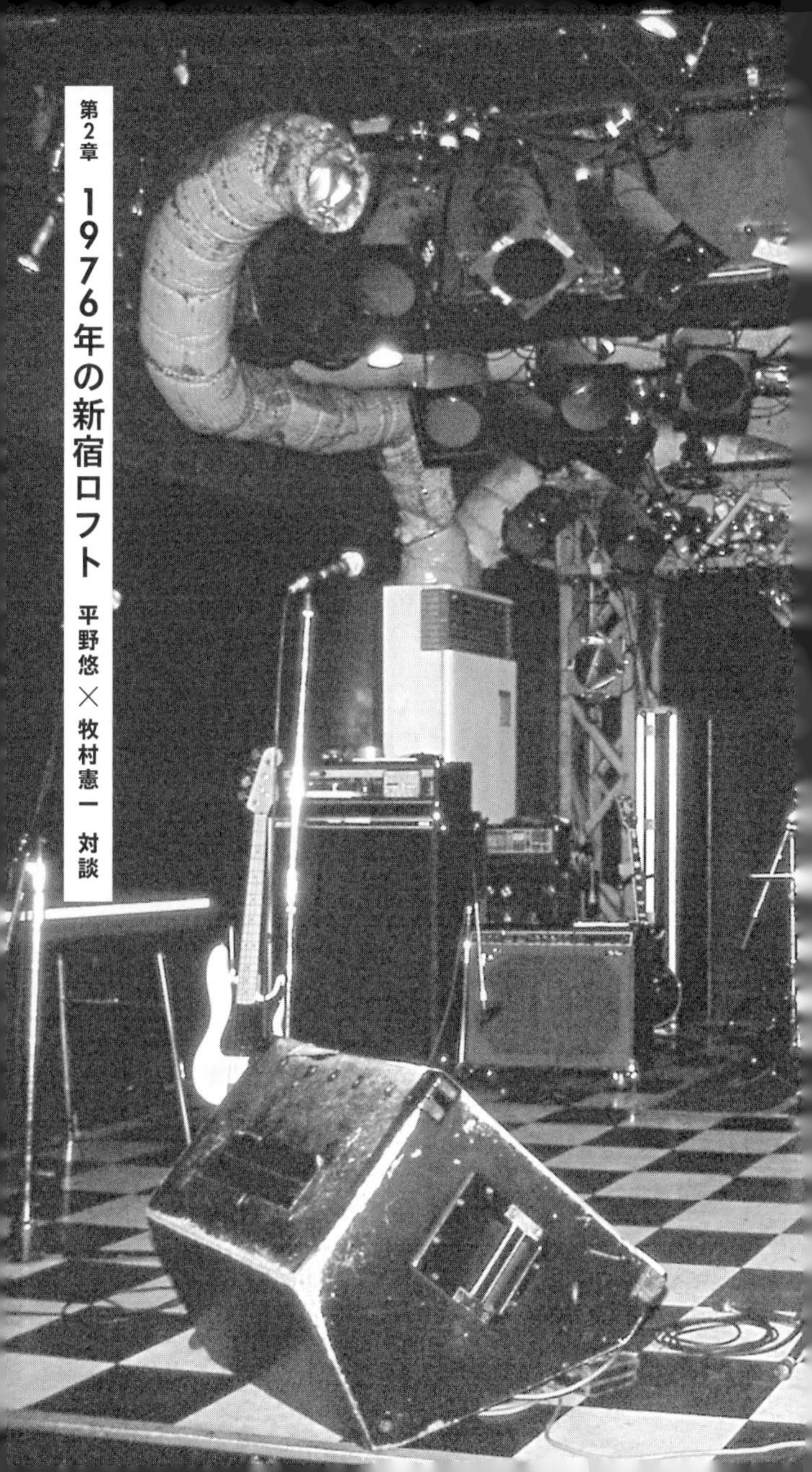

この章では、日本のポップミュージック・シーンを、さらにはライブ・シーンのその後の胎動を予見することとなったターニングポイントについて、本書の著者である平野悠と、日本のフォークソング黎明期からおよそ50年近く数多のミュージシャンをプロデュースしてきた牧村憲一との対談をお届けする。テーマは、「1976年の新宿ロフト」。いまや「伝説の10日間」として語り草となった「新宿ロフトオープンセレモニー」を軸に、ミュージシャンの躍動の場を作った平野と、数多の才能溢れるミュージシャンを世に送り出した牧村、それぞれの視点が交錯し、当時の記憶がいま蘇る。

牧村憲一（まきむら・けんいち）

1946年、東京都渋谷区生まれ。音楽プロデューサー。シュガー・ベイブ、山下達郎、大貫妙子、竹内まりや、加藤和彦などの制作・宣伝を手掛け、84年に細野晴臣主宰の「ノンスタンダード」レーベルに参加。80年代後半からはポリスターでフリッパーズ・ギターをプロデュース。フリッパーズ・ギター解散後は「トラットリア」レーベルを設立。2007年より2012年まで昭和音楽大学非常勤講師を務め、2014年から2016年まで音学校を主宰。現在、慶應義塾大学アート・センター訪問所員。felicity+（プラス）プロデューサー。著作『ニッポン・ポップス・クロニクル1969-1989』（スペースシャワーネットワーク／2013年刊）、共著『渋谷音楽図鑑』（太田出版／2017年刊）『commmons: schola vol.16 Ryuichi Sakamoto Selections: Japanese Pop Music 日本の歌謡曲・ポップス』（エイベックス・ミュージック・クリエイティヴ／2017年刊）、監修『エゴ〜加藤和彦、加藤和彦を語る』（スペースシャワーネットワーク／2013年刊）『ポップ・ミュージックを語る10の視点（〈music is music〉レクチャー・シリーズ）』（アルテスパブリッシング／2020年刊）など。

――まず、ライブハウス「ロフト」が生まれた時代背景からお二人に語っていただきたいのですが。

平野　僕が千歳烏山のはずれにロフトの第1号店をオープンさせたのが、1971年3月。牧村さんはすでに音楽業界に身を投じていたよね？

牧村　僕がこの業界に飛び込んだのは、日本のフォークソングが話題になった頃です。その象徴的なのがザ・フォーク・クルセダーズで、まだ早稲田の学生の頃、なんでもやろう会っていうのに入っていて……。

平野　よく話に出るグリークラブとは別のサークル？

牧村　そうです。たとえば「今日は山手線を徒歩で1周しよう」なんて結構バカバカしいことをやるんです。高田馬場から目白方向に行くのと、大久保方面に歩いていくのとグループが二手に分かれて、どこかですれ違うというような。夜の10時くらいから出発して、朝に合流しようっていうときに、僕は手持ち無沙汰だなと思ってラジオを持って家を出た。そのラジオを聴いていたら「帰って来たヨッパライ」が流れてきたんです。ニッポン放送だったと思うんですけど。

平野 それは何年頃ですか？

牧村 レコードの発売が1967年の暮れだったので、1968年だったんじゃないかな。「ヘンな曲だなあ」と思ったけど、すごくインパクトがあった。当時、僕は朝日新聞の企画部でイベントがあるときに呼ばれてバイトをしていたんですが、そこに在籍する五十嵐さんに呼び出されてこう聞かれたんです。「もしかして大学を出たら朝日新聞に入りたいの？」って。正直なところ、入りたいとも思っていなかったし、自分の成績じゃとてもじゃないが無理だなというのもあったので「半々ですね」と答えたら、「あなた、ザ・フォーク・クルセダーズって知ってる?」と。「あなたと同じ歳の子たちがとんでもないことを始めてるよ。こんなところでバイトしているより、ああいう世界に行ったほうがいいよ」と言われたんです。それから間もないある日、グリークラブの先輩だった三浦さんに声を掛けられて。

平野 三浦光紀《みうらこうき》。牧村さんの大恩人だね。

牧村 はい。三浦さんは当時すでにキングレコードに入社されていて、「牧村、暇ある? 今日これから神戸へ行くから一緒に行こう」と言われて。話を聞くと、ダボーズという神戸の学生たちのグループのレコードが放送禁止処分になり、それで謝りに行ったのです。ダボーズが出演していたのは神戸の国際会館。その日のコンサートゲストがザ・フォーク・クルセダーズでした。そこで初めて、「あのラジオで聴いたザ・フォーク・クルセダーズか!」と。それが後々、長い付き合いとなる加藤和彦《かとうかずひこ》との最初の出会いでした。

平野　三浦さんがキングに入って、牧村さんは私設アシスタントみたいな仕事をしていたんでしょ？

牧村　三浦さんが小室等《こむろひとし》の担当ディレクターだったので、それがきっかけになって、小室さんと楽団六文銭のマネジメントを務めました。それまで日本のフォークというのは、ギターを弾きながら日本語の歌詞を乗せて、洋楽の真似をしているようなものだと思っていたんですが、小室さんのギター教本（『Peter Paul & Mary フォーク・ギター研究』）に則ってレコーディングしたら日本のフォークならではのギターの弾き方やパターンがいろいろとあることを知ったんですね。それが1970年頃の話なんですが、その伏線としても重要なのが、1967年から1969年にかけてのグループ・サウンズ（GS）です。

平野　スパイダース、ブルー・コメッツ、テンプターズ……といったバンドだね。

牧村　大手の芸能プロダクション主導で、ビートルズ、ローリング・ストーンズといった海外のロック・バンドに影響を受けた若い子たちを集めて、歌謡曲の作曲家たちにそれを意識した曲を書かせた。でもたとえばザ・ゴールデン・カップスみたいな例外的なバンドもいて、表向きは、主にテレビ番組ではヒットした曲をやるけど、ステージに出たらそういう曲は一切やらず、欧米の新しい楽曲を手に入れて演奏していました。GSブームの末期である1968年登場したザ・フローラルという、宇野亜喜良が衣装やビジュアル、作詞を担当したグループがいて、そのリードボーカルが小坂忠。けれどGSのアイドル路線に嫌気がさして本格的なロック・バンドへ進むべく舵を切った。メンバーも刷新して、ベースは細野晴臣、ドラムは松本隆、バンドは1969年4月にエイプリル・フールを名乗るようになるわけです。

平野　なるほど。それがのちのはっぴいえんどに繋がると。

牧村　ただ、そのエイプリル・フールも短命に終わるんです。レコーディングを含めてわずか数カ月の活動で、メンバー間の方向性の違いでアルバムの発売と同時に解散してしまう。そこで小坂、細野、松本の3人は、新しいバンドをさらに作って、それまではアンチ芸能だったけれども、今度は芸能から完全に脱した音楽をやりたいということで、はっぴいえんどの構想を持つに至ったんですね。

平野　アンチ芸能界というのが大きなポイントだったわけだ。

牧村　そうなんです。ただし、エイプリル・フールの後に3人が結成したヴァレンタイン・ブルーはすぐに頓挫してしまいます。1969年の暮れに渋谷東横劇場で初演が行なわれた『ヘアー』というロック・ミュージカルに小坂忠が出演することが決まってしまって。しかし『ヘアー』のプロデューサーだった川添象郎（当時は川添象多郎）や主役の一人を務めた加橋かつみらが大麻取締法違反容疑で逮捕される事件が起きてしまった。そこで細野と松本は大滝詠一を誘った。

その後、「リードギターがいないね」という話になり、高校生の鈴木茂に大学進学を諦めさせてバンドに呼び込んだ。と、メンバーが語っています。

平野 その頃の大滝さんは鳴かず飛ばずでしょ？

牧村 もちろん。当時の細野さんと松本さんはハコバンをやっていて、一晩に3回くらい演奏すると5万円ほどの月収があったそうです。1970年当時の大卒初任給がおよそ4万円弱（現代の価値に換算すると14万円強）なのでかなり良い収入だったけど、大滝さんは岩手から出てきて、東京で就職したんです。その後、早稲田の第二文学部に進むんだけど、音楽への道が諦められず、いろんな音楽家たちとの交流の中で細野さんや松本さんと知り合い、ヴァレンタイン・ブルーへ参加しました。はっぴいえんどになったとき、今でいうインディーズというか、芸能界の影はなくなっていたんですが。

平野　GSの流行から始まって、はっぴいえんどが出てくるちゃんとした理由があったんだね。

牧村　はい。そして、1970年8月に通称・ゆでめんと呼ばれるファースト・アルバム『はっぴいえんど』、1971年11月にセカンド・アルバム『風街ろまん』という名盤が発表されるのですが、ちょうどその頃、日本語ロック論争というものが巻き起こるんです。中村とうようさんが編集長だった『ニューミュージック・マガジン』（現・『ミュージック・マガジン』）で繰り広げられた、内田裕也、大滝詠一、松本隆らによる「日本語はロックのメロディに乗らない」「ロックも、自分たちの言語でやらなければ意味がない」という論争です。その前年に『ニューミュージック・マガジン』で日本のロック賞の上位にランクされたのが、主にはっぴいえんどを始めとする日本語で歌うアーティストだったんですね。それで、英語でロックをやるべきと主張する内田裕也が「なんではっぴいえんどみたいにヘタなグループが1位になれるんだ!?　こんなレコードのどこが良いんだ？」と噛み付いた。

平野 裕也さんも元はナベプロ所属（現・ワタナベエンターテインメント）で、つまり芸能寄りだった。

牧村 そう、GSブームを牽引したタイガースをスカウトしたのも裕也さんだったし、ここでもやはり芸能と脱芸能という対比構造に繋がるわけです。裕也さんにしてみれば、ジョー山中や麻生レミといった実力派シンガーを揃えたフラワー・トラヴェリン・バンドというバンドをプロデュースして、ロックの世界へ打って出るというときに、日本語のロックが評価されるなんて！　という思いもあったんでしょうけど。でもその論争があって日本語によるオリジナルのロックを体現するバンドとして、はっぴいえんどが後に影響を与えるグループになったのは確かですね。そしてライブハウス「ロフト」が烏山に生まれたのは、そんなふうに今では当たり前である日本語のロックがまだ確立されていない時代、脱芸能で音楽をやることが保証されていなかった時代であることを念頭に置かなければなりません。

＊

――もともと平野さんは、ジャズ喫茶をやりたかったそうですね。

平野　数十枚のレコードしか持ってなかったんだから、ジャズ喫茶なんて恥ずかしくて名乗れませんでした。僕自身はジャズが好きでしたけどね。最初はスナックみたいなもの、スナックロフトですよ。一番初めはね。

牧村　それがいつしかロック喫茶になっていったと？

平野　ロック喫茶というよりも、目指していたのは雑多な店作り。そもそもなぜロフトを作ったのかといえば、僕は全共闘の最後の世代で2回半パクられているからロクな就職ができない(笑)。そうすると自分で独立するしかない。カミさんも子どももいたからスナックでもやるしかない。それで作ったのが烏山ロフトという7坪の木造モルタルの店。最初は集客に苦労したけど、あるときからノートを用意して、お客さんに書き込んでもらって交流を深めてもらうようにした。そしたら若い連中がいっぱい集まってくるようになった。ジャズは好きだけどレコードが少なかったので、若い人がいっぱいレコードを持ってきてくれてね。そこでいろんな洋楽……レッド・ツェッペリンやピンク・フロイドといった当時最新のロックと出会ったり、邦楽だと浅川マキやはっぴいえんどを知って、初めて聴いてぶっ飛んだ。歌謡曲ではない日本のフォークやロックもすごいんだなと実感した。その流れでお客さんに話を持ちかけられるわけ。今そうした日本のフォークやロックには演奏できる場所が圧倒的に少ないと。当時はまだライブハウスなんて言葉はなかったけど、ライブをやれる場所を作ったら平野さんは天下を取れるよ、パイオニアだよ、やれやれ!って。それで調子に乗って1973年6月に西荻窪ロフトというライブスポットを初めて作ったんだけど、客なんか来るわけないいんだから！（笑）。宣伝をしようにも、『ぴあ』はかろうじて創刊されていたけど、当時はまだ無名の雑誌だった。それに、自分の知らないミュージシャンに金を払う奴なんているわけがないですよね。わずか15坪のロクな音響設備も照明もない店に客なんて来ないし、ライブは金にならない。でもそれがロフトの原点なんですよ。ライブ単体では金にならないから、昼間はロック喫茶をやり、夜はライブが終わったら朝の4時までロック居酒屋をやる。そうすると、ライブをやっている珍しい店ということで認知されていくんですね。そうなると僕は、ライブをやり続けるために昼のロック喫茶や深夜のロック居酒屋の経営を大事にする。当時は飲食をやればライブの客が5人でもやっていけましたから。

牧村　そこがロフトにとって実に重要なポイントなんですよね。

平野 ライブを続けるためにお昼から朝の4時まで店を開けるんだから大変ですよ。普通じゃできませんよ。でもライブを続けたい一心で、ロック喫茶とロック居酒屋をやるしかなかった。だからライブは週末と祝日しかやりませんでした。

牧村 ライブをやるということが、悠さんにとって一生のテーマでありこだわりなんです。というのはその時代、同じ頃に同じようなトライをした店もあった。たとえば当時の有名店で言うと、百軒店のブラックホーク。ここはレコードをかけるだけだった。それも理由が、ジャズ喫茶ＤＩＧが新宿から渋谷に移動してオープンしたんだけど、ある日、ごっそりジャズのレコードを盗まれてしまったから。それで失望したオーナーが、ブラックホークという名前で経営したいという人に店を売っちゃった。その後、「ジャズ喫茶なのにツェッペリンをかける店」みたいな感じで評判になったけど、レコードとミニコミ誌止まりでライブまではやらなかったし、そういうスペースもなかった。もう一つは、四谷のいーぐる。これも最初はＤＩＧの影響を受けて四谷にオープンしたジャズ喫茶だったんだけど、ジャズ好きな親父さんの息子がロックをやりたいということでロック喫茶を始めた。ここの店員として働いていたのが長門芳郎という、後に悠さんとも関係する人。このいーぐるも珍しいレコードはかけるけれども、ライブはやらなかった。その代わり、明け方に店を閉めてからバンドの練習場になることもあった。その店に大貫妙子や山下達郎が出入りしていて、後のシュガー・ベイブを生む場所にもなったんです。ただ、そのいーぐるも半年か1年で潰れてしまう。だからここまでの話で重要なのは、当時、ライブをやりたい、観たいからといって誰でもライブハウスをやれたわけではないということ。

平野 ライブはもちろんやりたかったけど、最初の1カ月、2カ月は利益の出る仕組みなんてわからない。ブッキングを頼る人も他にいなくて、全部僕一人でやっていたしね。それなりに有名な人も呼んだはずだけど告知もままならないし、客が10人も来ないのにギャラを2万取られたりして、それじゃ到底やってられない。そこで僕が思いついたのがチャージ制だった。つまり、入った人数分のチャージは全部差し上げます、うちはそのぶん飲食で賄いますと。これが今やどこのライブハウスでもやっている収益を生む原点です。人数制でバックせずにギャラを固定で払っていたらどんな店でも潰れちゃいますよ。

牧村 ライバルである同業他社がやれなかったライブを悠さんがやれたのは驚異です。なぜかと言うと、ライブをやれるハコは大手芸能プロダクションが運営している所が多かったから。たとえば銀座の一等地にハコをオープンさせて、そこで名の知れた所属タレントが毎夜出演するというケースが多かったんです。GSのブームのときもバンドは出られるハコが少なかったから、ジャズ喫茶と呼ばれたライブスポットにその多くが出ていたけれど、ブームの終焉と共に閉店してしまった。そうやって大手の資本が介入して歌謡曲の延長線上にある音楽を興行として見せる空間は存在していましたが、次世代を担う感度の高い世代の特定の層の人たちに向けて、それまで出会ったことのない音楽を紹介する機能も含めてライブをやり始めたのは間違いなく悠さんであり、ロフトですよ。

平野 客の入らないロフトがなぜライブを続けられたのかと言えば、ラジオの深夜放送でたまにうちの店で録音したライブが流れていたからなんです。そうすると客が来る。ライブには来ないけど、飲みに来る。そういう商売の旨みも正直ありました。

牧村 メディアによる宣伝効果もあったんですね。大手芸能プロのような資本力がなくても、いろんな思惑があってロフトはライブを続けた。

平野 だって素人だもの。芸能界のことなんて知らないよ（笑）。

牧村 それがつまり、70年代初頭の景色だったんですよね。ロフトが存在したことで救われたミュージシャンは数多くいただろうし、少なくとも、西荻、荻窪……とロフトが発展したときはロフトを目指しているという人が多かった。

平野　ロフトに関わってくれる人たちについても、ラッキーと言えばラッキーだったのかもしれない。僕は山下洋輔が大好きで、どうしても山下さんのライブをロフトでやりたいということで、テイクワンという山下さんの事務所に行ったら、柏原卓という男がいてね。あとさっき話に出た長門芳郎、前田祥丈（当時は前田至）。彼らと契約して、1974年11月にオープンさせた荻窪ロフトのブッキングを手伝ってもらった。「俺はこの店でこういうことをしたいんだ」と彼らに新たなロフトの理想を語って招き入れてね。彼らは音楽通だから助かりましたよ。シュガー・ベイブは長門が連れてきたし、僕はフォークをメインにやってね。あのブッキングのバランスは他のライブハウスには真似できなかったと思います。

牧村　ちょっとフォローすると、もう亡くなってしまった柏原卓はもともとURC（アングラ・レコード・クラブ）レコードで働いていたんです。後にURCの大元、音楽舎に移り、音楽舎の若手が独立して如月ミュージックというプロダクションを作った。早稲田で僕と同学年だった高木照元というのが若手のリーダーで、その部下だったのが柏原卓。数年後、高木さんは如月ミュージックの運営が厳しくなるのを見越して、卓と彼がマネジメントしていた山下洋輔トリオをクビにしたんです。卓はそのことを恨んでいたそうだけど、高木さんの真意は如月が潰れる前に早く逃げてほしかった。その高木さんの義理堅さや温情を後で卓は理解したと聞きました。そんな紆余曲折を経て立ち上がったのがテイクワンでした。

平野 テイクワンの事務所は笹塚にあって、みんなそこに住んでいたよね。達郎さんもよくいたし。

牧村 笹塚村なんて言われて、終電を逃して帰れなくなった人たちが徹マン（徹夜マージャン）をやったりしてね。柏原卓、長門芳郎、前田祥丈というロフトのブッキングを担っていた人たちは、フォークの流行を生んだ上の世代の影響もあって、音楽を仕事にする上で発想が芸能的じゃなかった。それがロフトにプラスにはたらきましたね。

平野　1975年12月に下北沢ロフトをオープンさせた頃には、ロフトでライブをやらせろと全国からいろんなバンドがやってきた。だけど長門たちには自分たちなりの審美眼みたいなものがあって、「こいつらはダメ」と容赦なかった。でも四人囃子は良いとか、独自の基準があったね。

牧村　「こいつらはダメ」というのはとりわけ芸能的なグループが多かったと思いますが、それは別に対立していたわけではなく、相容れない部分があったといいますか。敢えて邪魔をするつもりはないけど、自分たちには独自の美学があるんだ、みたいな感覚がありましたね。そのおかげで、芸能の巨大資本に飲み込まれなくても活躍できる場がロフトにはあった。ミュージシャンが自身の音楽を探求できるスポットとして、当時は1にロフト、2に次郎吉（現・JIROKICHI）という感じでしたね。

平野 次郎吉はね、僕が西荻窪ロフトや荻窪ロフトを作ってちょっと経ってからできたんですよ。絶対にうちが早いはず。どっちが早いかなんてくだらないけどさ。

牧村 でも、その土地で最初にやるというのは冒険であり、挑戦なわけで。

平野 そうですよ。

牧村 それを悠さんは矢継ぎ早に成し遂げた。1971年から1975年のあいだに、烏山、西荻窪、荻窪、下北沢と4店舗のロフトを作ったわけだから。

平野 結局、動員が増えれば店が手狭になり、新たに店を作ることになる。ライブハウス経営の在り方として、どんどん拡大していく。もっと良い演奏環境を提供したくなれば、スピーカーや卓、照明を直したりと金がかかる。だけど客が入る有名ミュージシャンは次のステップに行ってしまい、もうロフトには出てくれない。そうするとどうなるか。チャージを高くしてピンハネするしかない。だけど僕は断じてそんなことはしたくなかった。最初に荻窪でブッキング契約したテイクワンにもチャージは全部渡したからね。でもね、ライブハウスはそれじゃやっていけないときもある。それでチャージを上げてピンハネしたり、僕が日本にいないあいだにライブハウスのノルマ制が一般化されたわけでしょ？だけどさ、ミュージシャンに客をこれだけ入れないとライブをやらせないだとか、客が集まらなかったら金を出せなんておかしいじゃない？　そんなのはただのカラオケ喫茶と変わらないわけで。だからロフトは頑なにノルマ制をやらなかった。でもね、海外のライブハウスはそもそもチャージをピンハネしないですよね。僕らは半分取っているから、ドロボーみたいなもんだよ（笑）。

牧村　ロフトの歴史はライブハウスというシステムが確立していく過程そのものなわけだから、七転八倒の連続ですよね。

平野　西荻窪ロフトはちゃんとした防音設備なんてあるわけないから、近所の店や住人から「いますぐ音を止めろ！」と言われ続けた。それで設備がちゃんとした新しいロフトを荻窪に作って、西荻窪ロフトはフォークしか出せなくなっちゃった。

牧村　僕からすると、フォークという世界が明らかな限界だった西荻窪ロフトの後にロックができる荻窪ロフトができることになって、そこで自分たちがやりたかったこととロフトの姿勢が合致した。だから荻窪、下北沢、新宿……という流れは、僕らにとってみれば自然に受け入れられる流れだったんです。

平野　1974、5年頃からロックが本格的に台頭してきて、九州のサンハウスや金沢のめんたんぴんといったバンドが全国の津々浦々からやってきて、すごく興奮したね。当時のロフトは客が入らなくても全部受けいれちゃう主義で、見たこともないパフォーマンスを繰り広げる新しいバンドがどんどん出てきたから、ライブを観るのが本当に楽しみだった。あの時期を境に、僕は完全にロックにのめり込んでいきましたね。

牧村 当時の時代背景を考えると、輸入盤レコードの繋がりというのが一つの重要な要素でしたね。たとえば長門くんが、サザン・ロックが好きな、影響を受けた日本のバンドの存在を知ったとする。そのサザン・ロックがどんな音楽なのかを知るには、当時は海外のレコードを手に入れないと話にならなかった。なぜならサザン・ロックの特集をテレビやラジオがすぐにやってくれるわけじゃなかったから。レコードを買ってきて擦り切れるほどレコードを聴いて、「ああ、こういうことなんだ！」と気づく。そうした環境に長門くんや卓は近いところにいた。ただし、そうしたニッチな音楽の受け入れ口というか、同好の士が交流できる場は少なかった。でもそんな交流の場であり、実験の場を作ってくれたのがロフトだったわけですよ。ロフトがもしあの時期になかったら、彼らミュージシャンの実験は成し得なかったはずです。

平野　ひょっとしたら日本の音楽状況は変わっていたかもしれないね。

牧村　それは間違いないでしょう。その頃、そうしたリスニング派とは別の一派がいて、レコーディング・スタジオで実験する人たちもいました。その最たるものが、細野さんや大滝さんといったはっぴいえんどのメンバーでした。60年代当時の日本の音楽、GSのレコードを聴くと、音がペラペラなんですよ。それが洋楽のレコードだとドシンと身体に響いてくる。なんだこの違いは？　と彼らは探求するようになり、そのポイントの一つとしてライブで音を出すことが重要であると気づくわけです。レコーディングでも洋楽に負けない音を作ることが重要で、そのためにもライブの出音を研究すべきであると。そうした実験が70年代初頭から真剣に議論されていて、その研究と探求の場をロフトも担い、彼らのたゆまぬ実験精神と探究心に悠さんが巻き込まれていったとも言えると思います。もちろん良い意味でね。

＊

——さて、そうした前史があり、1976年10月にそれまでのロフトの集大成と言うべき新宿ロフトがオープンするわけですが……。

平野　烏山のロフトを足がかりに、ほぼ1年おきに店を出してきて、新宿ロフトを出したときはむちゃくちゃ借金があった。それでもまだ若くて元気だったから、牧村さんをプロデューサーとして呼んでロフト・レーベルを作ろう！　と息巻いてさ。借金の返済ばかりで一銭もないのに、なんとかなるだろう！　なんて思ってた（笑）。

——新宿ロフトのオープンについて、牧村さんはどう捉えていたんですか？

牧村　一つは尊敬ですよ。当時の僕はアワ・ハウスというマネジメントとプロモーションを担う会社をやっていたけど、お店でライブをやってもらうノウハウは持ってないからロフトに頼るしかなかったんです。当時、われわれがバックアップしていた音楽は、ウケるところではウケるけど、無視されることも多かったんですよ。センチメンタル・シティ・ロマンスという名古屋のバンドがまだ結成4年目くらいでね。ミュージシャンもスタッフも移動する交通費がない。そこで中古のバスを買って自ら運転して、現場から現場へ移動する。僕らはそういうバンドに肩入れして、ライブハウスに出演を許可してもらう交渉をしていたんですが、そういう気持ちが通じるようなハコはロフト以外にどこにもなかった。僕らの中では特に話し合いをするまでもなく、東京に行くならロフトへ行こう、悠さんに頼もうって決まっていたんです。それに、悠さんが断らないこともわかっていた。東京にいるバンドでも名古屋にいるバンドでも、当時は東京でライブをやるにもホールを借りる余裕はないし、ホールなんて埋められないから、どうしても新宿ロフトがメインの会場になった。それが、僕らにとって新宿ロフトの価値でした。オープンセレモニーのブッキングは、柏原卓が仕込みの担当でしたね？

平野 そうですね。

牧村 そのときの10日間は、それ以前にロフトの常連だった人たちもいれば、その後の新しいシーンを作った人たちもいました。ラインナップを見てみましょう。

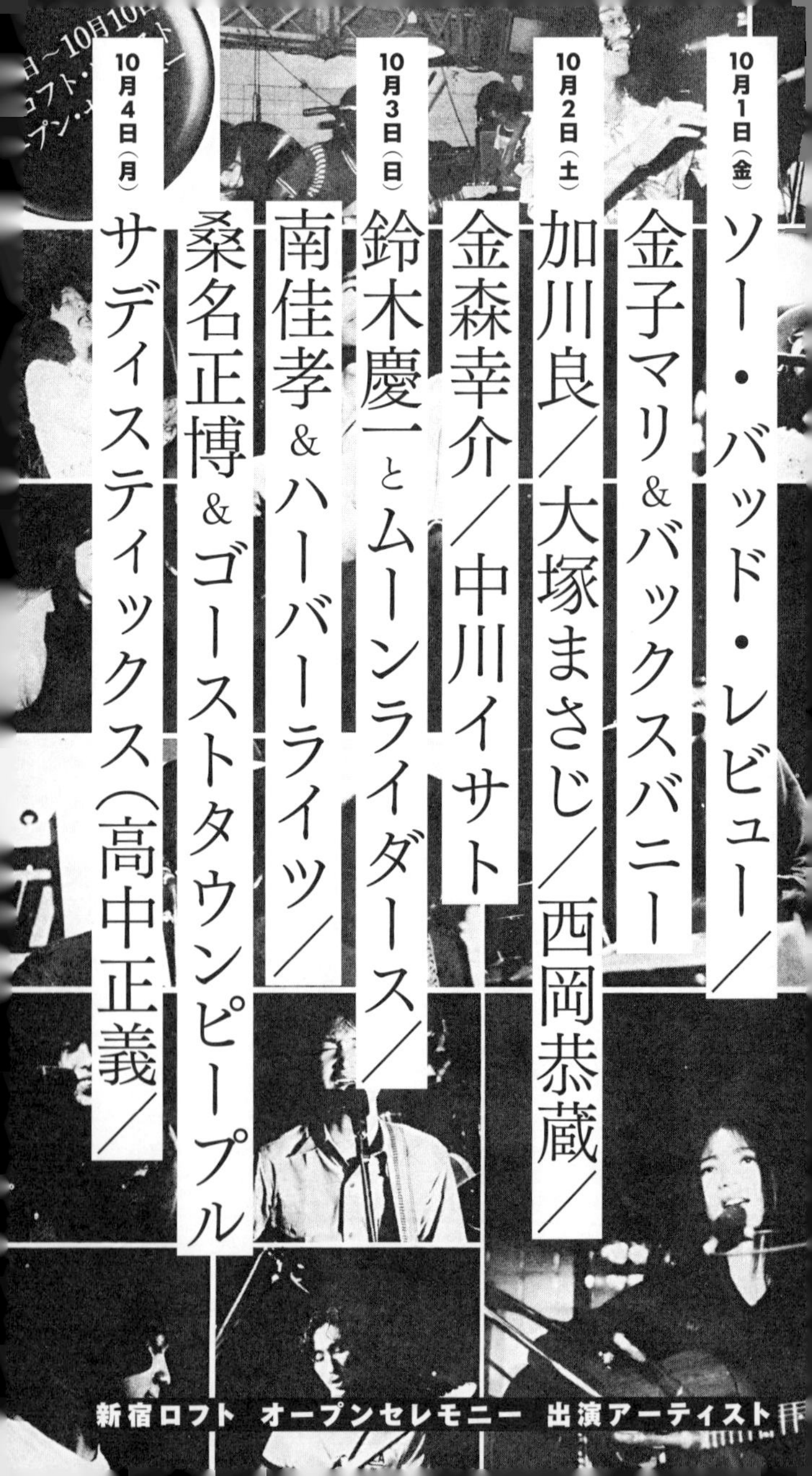
10月1日（金）
ソー・バッド・レビュー／
金子マリ＆バックスバニー
10月2日（土）
加川良／大塚まさじ／西岡恭蔵／
金森幸介／中川イサト
10月3日（日）
鈴木慶一とムーンライダース／
南佳孝＆ハーバーライツ／
桑名正博＆ゴーストタウンピープル
10月4日（月）
サディスティックス（高中正義／
新宿ロフト　オープンセレモニー　出演アーティスト

今井裕／後藤次利／高橋幸宏）
10月5日（火）吉田美奈子／矢野顕子
10月6日（水）斉藤哲夫／遠藤賢司／大貫妙子
10月7日（木）りりィ with バイ・バイ・セッション・バンド
10月8日（金）山崎ハコ
10月9日（土）センチメンタル・シティ・ロマンス／めんたんぴん
10月10日（日）長谷川きよし&サンデー・サンバ・セッション

牧村　これが新宿ロフトのオープンセレモニーに出演した人たちで、ここ数年のシティ・ポップと呼ばれるブームの源流、大元がここにあるとも言えます。このオープンセレモニーの10日間の中で、4日のサディスティックス、10日の長谷川きよし以外はニッポン放送による録音データが残されていました。そしてその放送に際して、当時記録された貴重な筆記のメモがあり、この章の最後に当時のメモ書きのまま記載しています。これはぜひご覧になってほしいです。今見ると名の知れた人たちが多いので、なるほど、こういう顔ぶれだったのかと感じるかもしれませんが、1976年当時、彼らの大半は無名でした。音楽通にはよく知られていても、一般的な認知はなかった。このオープンセレモニーには大きく二つの意味があります。一つは下北沢ロフトまでを含め、新宿に進出したロフトの集大成だったこと。もう一つは、まだこの時点では、2、300人しか客を集められなかった人たちが、やがて何千、何万と動員できるようになること。そのことを、このとき新宿ロフトへ来た客はまだ知らないわけです。このオープンセレモニーに足を運んだ人たちは、まさに伝説の目撃者だったと言えるでしょう。

平野　確かにロフトにとっては集大成だったね。大塚まさじを始めフォークのミュージシャンが大挙出演してくれたのは西荻窪からの流れだし、長谷川きよしのサンデー・サンバ・セッションは下北沢でマンスリーでやっていたライブだったし。僕はね、オープン当初の新宿ロフトで、フロアの真ん中に潜水艦のオブジェなんか作っちゃって。あれは、きっと話題になるだろうと営業で使うつもりだったんですよ。つまりそれまでのロフトと同じく、普段の飲食営業をしっかりやって、ライブは週末にやる。さっきも話したように、ライブに客が入らなくてもやるんだという意識があったから。だから初期の新宿ロフトもライブは週末しかやってないんです。それがライブハウスの生きる道だと思っていたんだけど、いつしか動員が増えてきて、毎日ライブをやるようになったんです。

――10日間にわたるオープンセレモニーの中で、お二人の印象に残るライブは？

平野 僕はオープンまでの準備に忙殺されていたし、開店したらしたで店の案内をしなきゃいけなかったし、ライブをじっくり構えて観る余裕なんて全然なかった。僕らの想像以上にお客さんがたくさん詰めかけてくれたのは嬉しかったけど、関係者の応対もしなくちゃいけなくて、ライブどころじゃなかったね。下北沢ロフトも盛況だったけど、あそこまで混み合わなかった。広さ65坪、キャパシティ300人という新宿ロフトのスペースは当時としては画期的な空間で、オープンにあたって本格的なライブハウスだと謳ったんです。柏原卓がわざわざアメリカからJBL4550という当時最大かつ最新鋭のスピーカーを買ってきて、しかも3WAYですよ。荻窪や下北沢以上にPAの設備環境をちゃんとしたから評判になったんでしょうね。

牧村 僕は、さっきから話に出ている卓がどんなブッキングをしたのかという興味と、自分の仕事と重なる部分の両面がありました。大貫妙子が出演していたし、スケジュールに名前こそ出ていないけど、吉田美奈子のバックには山下達郎がいました。フライング・キッド・スクリューというバンドで、彼がバンマス（バンドマスター）を務めていたんですね。僕が仕事で関わっていたシュガー・ベイブは、その年の春に荻窪ロフトで解散コンサートをやって、二人はソロ活動を始めた直後でした。それと、りりィのバイ・バイ・セッション・バンドは、キーボードがおそらく坂本龍一から緒方泰男に変わっていた時期だと思います。知りあいのミュージシャンが多く出演していたので、彼らがどう演奏するんだろう、曲目はどうなんだろうと気になって新宿ロフトへ出向いた。とは言え、新たな門出に向けて希望に溢れた感じではありませんでした。僕は手伝っていたシュガー・ベイブが解散してしまって、新たな出発が決して順風満帆じゃなかった、寧ろ状況は暗かった。ここから先、どう新たな展開に持っていけば良いのか、何をすれば良いのかを考えるために新宿ロフトでライブを観ていたのです。

平野　ある種の緊迫感を持って観ていた？

牧村　そうですね。自分が良いと信じるこうした音楽が今後伸びていってほしいけど、果たしてそんな余地があるのだろうか？　という思いが拭えませんでした。繰り返しますが、今でこそ彼ら彼女らはビッグネームですけれども、お金を払ってライブを観るのは2、300人という世界だったんです。

平野　オールスタンディングだと300ですよ。潜水艦があったときは200。200いかなかったかな？

牧村　それが1976年当時の偽らざる現実だったんです。それを生業としていた僕らは、ただがむしゃらにやるしかなかった。オープン直後の新宿ロフトでは、僕は潜水艦と呼ばれているPAのそばにいて、でも後から来るお客に押されっぱなし。あとからあとから入ってくるから。その状況は嬉しかったけど、未来を楽観視する余裕は少しもありませんでした。それは僕の話ですけど、1976年の新宿ロフトは集大成であると共に新たなスタートでもあったんです。翌

77年を経て、ロフト・レーベル設立の発想が悠さんの中に出てくるわけですから、76と77年はセットで、78年に繋がっていく、と捉えたほうが良いと思います。

＊

——"Live House Loft Series"（ライブハウス・ロフト・シリーズ）**、通称ロフト・レーベルが生まれたのは、新宿ロフトがオープンして1年後でした。**

平野　そう、1977年。その前に、新宿ロフトができる2カ月前に『ルーフトップ』というフリーペーパーをリニューアルしたんです。それまではほぼ店のスケジュールを載せるだけだったんだけど、本格的にライター、デザイナー、カメラマンを投入して、インタビューやコラム、レポートなど充実した読み物を載せることにしてね。一介のライブハウスがそんなフリーペーパーを独自に発行することと自体、画期的だったし、実際に大きな話題を呼んだんです。その『ルーフトップ』刷新と同じように、ライブハウスから何か新しいことを発信していきたいと考えていた。僕もまだ若くて突っ張っていたから、俺の天下だ、みたいなところがあったのかもしれない（笑）。その結果、ライブハウスから新たな才能を発掘することを目的にロフト・レーベルを立ち上げることにしたわけです。ライブハウスにはまだ無名だけど面白いミュージシャン、これからのシーンを担うミュージシャンがいっぱいいたから、彼らを主軸にしたレーベルを作ろうと思ったんですね。それで牧村さんをプロデューサーとして招聘したんだけど、僕はあなたをロフト・ファミリーの一員だと思っていたし、プロデュース能力に長けているのはよく知っていたから。

牧村 ロフトがレーベルを始めるということで、当初、4社のレコード会社が手を挙げたんです。ビクター、トリオ、ポリドール、東芝だったかな。

平野 その中でビクターが一番契約条件が良かった。問題はそこから。僕らが契約したのはビクターの第一制作本部だったんだけど、「これからはロックの時代が来ますよ」とウチを一生懸命口説いてくれた担当が突然退職しちゃった。その代わりとなった窓口が、歌謡曲一筋、ロックにまるで理解のない部長さんでね。こっちの言い分はまるで聞かず、「何がロックだ!?」みたいに見下した感じでさ。でもね、今思えば僕らも悪かった。新宿ロフトをオープンして金が一銭もなくて、レコード会社の契約金だけでレーベルを運営しようとしていたんだから、そりゃビクターだって怒りますよ。お前らハイエナか！ って（笑）。

牧村　契約条件の良さもあったけど、ビクターはレコーディング・スタジオを独自に持っていたのも魅力だったんです。普段歌謡曲をやっているエンジニアがロックもやりたがっているから、ノーギャラでいいですよと言われたんだけど、結局はやろうとすることが違いすぎて無理でした。それに今から考えたら、スタジオの経費もそんなに使ってないんですよ。ワンセッション2時間くらいで、曲も数分だったから。だけど当時のレコード会社のスタジオというのは、一番バブルの時期だった。確か、1日20万くらいかかりましたね。

平野 500万以上請求されたからびっくりしたよ。でもそれはしょうがない。それなりのクオリティだったから。契約を決めるとき、牧村さんに「ビクターじゃなく、トリオにしたら……？」と言われたんだよ。でも当時はビクターにいたピンク・レディーがまさに飛ぶ鳥を落とす勢いで、ヒットチャートの上位を軒並み独占していてさ。僕もピンク・レディーに会いたくてビクターの忘年会に行ったりして（笑）。

牧村 ロフト・レーベルの最初のリリースは、平本和樹というフォークシンガーのシングル（『シーソー』）とアルバム（『和蘭陀坂』）でしたね。

平野 ロフトではけっこう人気があったし、僕も一推しだったんだけど、これが見事に鳴かず飛ばずでね（笑）。

牧村 その次が『ロフト・セッションズVol.1』。上村かをる（現・うえむらかをる）、大高静子（後のおおたか静流）、吉田佳子、デビュー前の竹内まりやといった女性シンガーをフィーチャーして、ロフトに所縁のあるアーティストがバックを務めたセッション・アルバムでした。竹内まりやをサポートしたのはムーンライダーズとセンチメンタル・シティ・ロマンスの面々で、まさにロフトでしか成し得ない作品だったと僕は思います。大和田俊之さんという日本のポピュラー音楽の研究者であり、慶應の法学部教授でもある方が、この『ロフト・セッションズVol.1』を高く評価してくださっているんですよ。日本におけるシティ・ポップの始まりは『ロフト・セッションズVol.1』ではないかと。僕と対談したときにそう言ってくれました。

平野 そう言ってもらえると嬉しいですね。傑作なのは、その次の『衝撃のＵＦＯ』だよな。ちょうどピンク・レディーの「ＵＦＯ」が大ヒットしていたので、便乗しちゃえと思って（笑）。それで叔父の平野威馬雄（平野レミの実父）に監修を頼みに行ったんだよ。叔父の本業はフランス文学なんだけど、UFOとか超常現象に関心を持っていたから。でもさ、「UFOの特徴は音がないことだ。音のないレコードをどうやって作るんだ⁉」なんて言われてさ（笑）。だけどジャケットは横尾忠則さんにお願いしたり、けっこう話題になったんだよ。まあ、そんなロフト・レーベルも、最後は僕が担当部長とケンカしておしまい。結局、アルバムは4作だったかな。チャールズ清水も出したでしょ（『マイナー・ブルース』）。

牧村 『ロフト・セッションズVol.1』のように、年月が経つにつれて評価が高まってきた作品もあるけれど、発表当初はライブハウスに出演する当時のミュージシャンと同じでしたね。こっち側にいる人間には評価が高かったけど、そうじゃないところでは相手にされなかった。ただね、『衝撃のUFO』に関しては、悠さんは勘違いしてるんですよ。ピンク・レディーの「UFO」に便乗したんじゃなくて、言ってみればですが、『衝撃のUFO』にピンク・レディーが便乗したんです。

平野 そうだったっけ？

牧村 飯田久彦さんという知る人ぞ知るロカビリー歌手だった方が、引退後ビクターでレコード制作を担当したのがピンク・レディーで、作詞家の阿久悠《あくゆう》さんはそのチームの要だったんだけど、「サウスポー」を作ったあと新曲のアイデアに困っていたそうです。ちょうどその頃、川原伸司（後年、平井夏美のペンネームで作曲家としても活躍）くんという若い宣伝マンがビクターにいたんですね。

平野 ロフト・レーベルの宣伝マンでもあった。

牧村 杉真理の担当ディレクターもその川原くんで、彼がピンク・レディーの宣伝会議に毎回出ていたそうです。川原くんはかなりのビートルズ狂で、ピンク・レディーのデビュー・シングル「ペッパー警部」というアイデアも川原くんの発案だと言われています。あれはビートルズの『サージェント・ペパーズ・ロンリー・ハーツ・クラブ・バンド』から来ているのではと。ピンク・レディーの会議で何か良いアイデアはないか？　という話になったとき、川原くんの手元には『衝撃のＵＦＯ』のレコードがあって、「これがいま巷では騒ぎに」とＵＦＯの話をしたらしいんです。偶然ではなく、きっと提案だったと思いますよ。つまり『衝撃のＵＦＯ』は、ピンク・レディーの曲のタイトルの大ヒントになったわけです。

平野　そうなんだ。当時はユリ・ゲラーもよく来日して、超能力ブームを巻き起こしていた時代だったからね。結局、ロフト・レーベルというのは、ロフトの金欠とレコード会社の無理解によって頓挫してしまったけれど、時代的に早すぎる挑戦だったのかもしれないね。

＊

牧村　1976、77、78年というのは新宿ロフトが成り立っていく揺籃期だったわけですが、その後、悠さんが懸命にフォローしていたミュージシャンたちがロフトに出なくなってしまう時代が来るんですね。

平野　それはライブハウスの宿命とも言えるし、市民権を得たニューミュージックと呼ばれる連中が公会堂とかでホールコンサートをやれるようになったのが大きいよね。それはしょうがない。

牧村　ホールでやったらプラスアルファ、世話になったライブハウスで1日だけやるという発想もあったのにと、今だったら考えられますけどね。ツアーをやる前にゲネプロとしてライブハウスを使わせてもらうとか。まあ、当時はそういうことを考えるゆとりがなかったんでしょう。ホールに行ける、ステップアップできるってことでみんな頭がいっぱいで。実際、僕もロフトとの関わり合いはこの辺りで終わるんです。

平野 それもあって、ロフトはその後、パンクやニュー・ウェイブへ舵を切ることになるわけだけど。僕はいろいろと悩んでて、突然パンクと出会うことになる。

牧村 パンクと出会ったときの話、聞かせてくださいよ。

平野 簡単な話ですよ。1979年だったかな。あの時代の東京は、夏と言えばみんな地方へ出かけちゃって人がいなかった。だからライブハウスにとって夏はブッキングの埋まらない季節だったんです。ちょうどその頃、S-KENのマネージャーをやっていた建築家の清水寛、写真家の地引雄一が僕を訪ねてきて、パンクの祭典をやりたいからロフトを1週間貸してほしいと。その時代のパンクはどのライブハウスからも敬遠されていたわけ。機材を故意に壊すわ、ケンカは絶えないわ、客がダイブして怪我人が出るわ、ロクなことが起きなかった。でも僕はそういうのを面白がるタイプだし、夏場はどうせ企画が埋まらないんだから好きにやっていいよと答えた。それが『DRIVE TO 80's』という、東京ロッカーズ系のパンクやニュー・ウェイブ、テクノポップに至るまで気鋭のバンドが全国から集まったイベント。これが当時のロフトの動員記録を塗り替えるほどの大入りでね。

牧村 それからロフトはパンクの中心地となり、たとえばブルーハーツが80年代半ばに登場したときはロフトを根城にしていましたね。当時はまだ荒れた客ばかりじゃなかったと思いますけど。

平野 フリクションやリザードといった東京ロッカーズの時代はまだおとなしかったよ。そこからだんだんハードコアへ移っていくんだけど、バンドが消火器をぶっかけたり、客席から傘が飛んできたり、あれは面白かった。僕はその辺りからパンクの面白さに気づいて、その後、スターリンやじゃがたら（のちのJAGATARA）のライブを観て、とにかくその凄まじいパワーにぶっ飛んだ。これが本物のロックだ、ニューミュージックなんてもう時代遅れだと思いましたね。それ以降、臓物を投げつけようが局部を出そうが好き勝手にやってもらって構わないということにした（笑）。他のライブハウスはみんな怖がってパンクに手を出さなかったけど、ロフトは違った。それは一つには、僕がロフトなんて別に潰れたって構わない、どうせいつかは潰れるんだからと考えていたのもあったと思います。その後はARB、アナーキー、ルースターズ、BOØWYといった面々が台頭してきて、ヘヴィメタみたいな勢力が関西から出てきて、80年代の初めは面白いバンドがたくさんいてめちゃくちゃ面白かったですよ。その一連の流れを、当時の牧村さんはどう見ていたのかな？　と思うけど。

牧村　面白いなと思っていましたよ。近寄りたいとは思わなかったけど（笑）。ただ、80年代の後半に、後に渋谷系と呼ばれる前衛的な音楽の源流……たとえばペニー・アーケードのようなバンドもロフトは受け入れていたんです。ペニー・アーケードの音楽はいわゆるギターポップと称されるジャンルだけれども、スピリチュアルな意味でのパンクをやっていたグループだったと言えます。そうしたバンドもフォローしたのは、やはりロフトの精神がパンクであり続けたからでしょう。パンク雑誌『DOLL』の編集に関わっていた黒ちゃんこと黒田義之さんは、「パンクとは見た目や形のことではなく、自分の生き方とかスピリットを指す」と話していましたが、まさにその通りだと思います。全国規模のメジャーではないけど、100人から300人の集客は確実にあるコア層こそ面白い、彼らが新しい時代を担うことを悠さんは直感で理解していたんですね。ライブ空間を提供し続ける持続性、偶発的に生まれる表現を見逃さない感性をロフトは兼ね備えていたんでしょう。

平野 まあ、こんな商売を50年以上続けてますからね。日本の企業存続率は50年後に0・7%しか残らないと言うし、たまたまついていただけですよ。

――『牧村憲一発言集成 1976-2021』の中で、1973年に仕掛けたことが76年に揃い踏みし、77、78年に耐え忍び、79年に開花する……という牧村さんの言葉がありましたが、それはロフトの歩みとも重なりますね。

牧村 はい。たとえば70年代を回顧する話になると、大雑把に「70年代は良かったね」で終わりになっちゃうんです。60年代でも80年代でもそうだけど、10年という単位は一括りで語るにはあまりに大まかすぎるんです。10年の中にも起承転結というものがあり、種蒔きから収穫までがおよそ10年といったところなんです。具体的に言えば、はっぴいえんどの解散コンサートとシュガー・ベイブの結成、西荻窪ロフトのオープンが73年。先ほど話したように、60年代末期から70年代初頭にかけて蒔かれた脱芸能の種が73年に形になった。でも形になってすぐに成果が出るわけじゃない。それが新宿ロフトのオープンした76年くらいに見通しが立ってきて、僕が仕事で関わってきたミュージシャンたちが日の目を見たのは78、79年だった。YMO（イエロー・マジック・オーケストラ）が結成されて脚光を浴びるのもその時期だったし。そしてその頃にロフトはパンク、ニュー・ウェイブへ転向した。そうしたディティールの検証が重要なんです。

平野 76年というのは、起承転結の「転」に当たるところだった？

牧村 そうです。今やビッグネームと言われるミュージシャンがその辺りで注目を浴びるようになるから「結」と感じるかもしれないけど、そこから本格的にスタートして80年代初頭に開花していくのだから、やはり「結」ではない。悠さんにしても、暗中模索の中で新宿ロフトをオープンさせて、フリーペーパーの刷新やレーベルの立ち上げといった新たなチャレンジをしていく出発の時期でもあったわけで。烏山から始まり、西荻窪、荻窪、下北沢とそれまで仕込んでいたことが、新宿でやっと形になった。しかし、期待がどっちに出るか当時はまだわからなかった。

平野　その後、パンクに活路を見いだしたりするわけだからね。

牧村　ミュージシャン側にいた僕と、ライブハウスの運営側にいた悠さんとは「転」の時代以降、立場も視点も別の世界にいたけれども、悠さんはすごく頼りになったし、われわれの不得手なことを進んでやってくれたんです。たとえば1975年、当時まだ新人バンドだったセンチメンタル・シティ・ロマンスが『ニューミュージック・マガジン』で中村とうようさんに叩かれたんです。そこへ悠さんが擁護派として意見広告を出してくれた。あの時代に中村とうよう一派を敵に回して、真正面からケンカするんだからすごいですよ。

平野　あれは税金対策だから。150万くらいかかったかな？（笑）

牧村　それでもあの意見広告はすごくありがたかった。僕らが言えないことをよくぞ言ってくれた！　という感じで。

平野　とうようさんには完全に無視されたけどね（笑）。でもね、それも天下の中村とうように盾を突いたら面白いぞ！　という発想でしかない。

牧村　いろいろと話してきましたけど、昔はこうだった、昔は良かったなんて話をしたいわけじゃないんです。今でこそ一定の評価を得ているミュージシャンやジャンルでも、最初から成功したわけじゃなく七転八倒の連続だったということを若い世代に向けて記録として残しておきたいんですよ。コロナ禍もあって、これから音楽の世界で生きようとする伸び盛りの子たちを失望させるようなことが昨今多いじゃないですか。音楽をただの金儲けの手段にしか思わない小狡い人たちが山ほど出てきちゃったし、それを正すためにも過去の歴史を検証することに大きな意味があると思うんです。だとすれば、日本におけるポピュラー・ミュージックの成り立ち、その過程で決して欠かすことのできないライブハウスの黎明期をこうして話しておきたい。今の音楽業界が失ってしまった大切なものとは何だったのかを次世代に語り継いでおきたいんです。

平野　結局ね、ロフトのやってきた最たるものはコミュニケーションを育む場所を提供したことだと思う。ライブが終わっても、ミュージシャンや客が始発の時間までだらだら飲んで、そこに人が集まってくる。うちはウイスキーのボトルをボーンと置いて、タダで飲んでけ！　って言うわけ。そこからコミュニケーションが生まれて、次の企画や新たなバンドの構想に繋がることも多かった。つまりライブが終わってハイさよならじゃなくて、その後の飲みながら語り合うことで生まれるコミュニケーションにこそライブハウスの価値があると僕は思ってる。ロフトはね、ＡＲＢの石橋凌が夜中に突然現れて、「今からセッションやるから！」と無理やり店を開けさせるような所だった。そういうのが平気で起こる時代だったし、今はロフトみたいな店は他にないでしょ？

牧村　どれだけネットが発達しても、人と人のコミュニケーションは密に集まって過ごせる空間がないとダメなんです。新しい表現を生み出すためには、人と人が出会うための場所が必要なんですね。ロフトは50年以上にわたってそうした場を提供し続けて、今の音楽業界が失ってしまったもの、密集、密接、密閉という三密が忌避されるこんな時代だからこそもう一度復活させなくちゃいけない大切なものが、ロフトのこれまでの歩みの中にたくさんあるはずです。その意味でもこの本が教えてくれることは数多くあると僕は思いますよ。

聞き手：椎名宗之（ロフトブックス）、築地教介（星海社）
2023年　星海社にて収録

ここから、牧村憲一が保存していた新宿ロフトオープンセレモニー時の貴重なメモ書きを掲載する。当時、ニッポン放送がこの10日間にわたるライブを録音し、後日アーティストサイドの了解を得た上で楽曲を放送した。

ラジオのスタッフは、アーティストの演奏曲目に一切口を挟むこともなくただひたすら録音に集中し、それゆえ後に見返すと誤記入と見られる箇所も存在する。今回掲載するにあたり当時を追体験して頂くため、あえて表記を当時のまま掲載した。新宿ロフトの現場にいた皆様にはその体験の補助線として、またその場にいなかった皆様には想像の手助けとなれば幸いだ。

10/2 新宿ロフト

No.

加川良 司会 田川律

○M1. かかし （このロフトまで） 4:24 (3'39") 2:38

↓~~しゃべりなし (33")~~ 6:29

M2. ころがりつづける (3'34") 6:42

MC (59") 10:23

○M3. 知らないでせう Love Song (5'00") 11:18

MC (44") 加川良 健在なりMC 16:24

×M4. ジョーのバラード (4'36") 17:00

MC (1'09") 21:42

×M5. ホームシック・ブルース (8'08") 22:47

g: 中川イサト

MC (2'39") 31:04

○M6. 北風の中 10月25日テイチクよりNew Album (2'31") 31:38 しゃべり

g: 中川イサト start ← 32:32

36:18

株式会社ニッポン放送 to Next

Z.5 ①

10/2　新宿ロフト

西岡恭蔵

No.

○ M1. 南米旅行　(2'06")　1:30:37

MC (1'06")　外国の話 メキシコ、カリブ海　1:32:49

M2. くろのサンバ　(2'48")　1:33:51

※途中ちょっと ハオル(ハウリング)

MC (52")　1:36:43

× M3. グローリア　(2'47")　1:37:31

※途中ちょっとハウリング

MC (23")　1:40:21

△ M4. グッド・ナイト　(2'43")　1:40:41

End.　1:43:32

株式会社ニッポン放送

Z.6 ②

10/2 新宿ロフト

大塚まさじ

No. ....

+g: たこやき.

×M1. こんな月夜に スライドGuit Good (6'02") 31:54

※ワレハウリングあり. 34:00 間奏

g: まさじなたこやき→3回

37:44

×M2. 北の果て (3'38") 38:15

※ハウリング ワレあり. 39:05

↓しゃべりなし

41:53

△M3. 港のはなし (2'49") 42:42

45:36

×M4. 茶色い帽子 (3'55") 46:11

※ハウリングあり

50:10

○M5. 天王寺想い出通り (4'48") 51:20

56:08

株式会社ニッポン放送

Z-7 ②

10/3 新宿ロフト
鈴木慶一&ムーンライダース
G＝シイナカズオ

No. ....

× M1. ペルシャの市場 — 1:15

× M2. みわくの港 — メドレー (12'20") — 6:20

× M3. Beep Beep Be All Right — 9:18

1'40"ぐらいにハウリングあり. 他にもあり.

× M4. 月の酒場 (2'52") 13:59

Vo：ベースの鈴木

16:52 end

○ M5 地中海地方の天気予報 — メドレー (9'12") — 17:33

○ M6. ラム亭のママ — 24:24

26:43

M7 酔いどれダンス・ミュージック (3'15") 26:52 — メドレー

30:06

↓つづいてます. [redacted]

M8. あの娘のラヴ・レター G シイナカズオ (2'38") 30:06

※曲の前にメンバー紹介.

32:50

M9. ヒゲとりゅう(?)じとバルコニー (4'22") 33:29

\+

草ケ眠い エンディング (53") 37:53

アンコール　どうもありがとうサヨナラ. 38:52

M10、スカンピン (4'43") 39:25

M.C 明日はサディスティクスです。 END 44:40

2-9

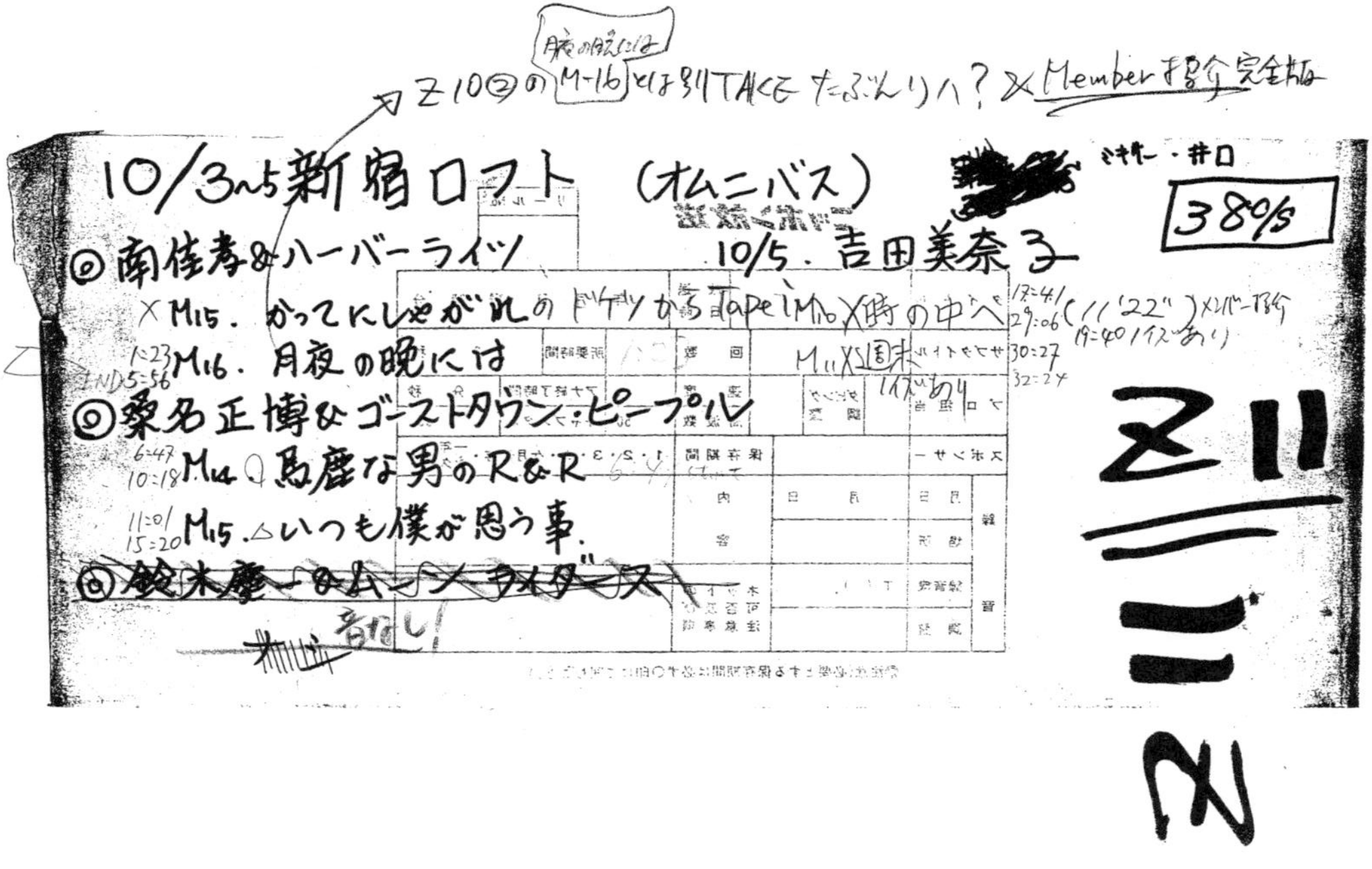
Z10②の M-16 とは別TAKE たぶんリハ？ ✕Member紹介完全版
月夜の晩には
10/3〜5 新宿ロフト （オムニバス）
[redacted]
ミキサー・井口
38ℓ/s
◎南佳孝&ハーバーライツ 10/5. 吉田美奈子
✕M15. かってにしやがれ の ドゲツから Tape in M16 ✕時の中へ
17:41 29:06 30:27 32:24
（11'22"）メンバー紹介
19:40 ノイズあり
1:23 M16. 月夜の晩には
END 5:56
M11 ✕週末 ノイズあり
◎桑名正博&ゴーストタウン・ピープル
6:47 10:18 M14 ○馬鹿な男のR&R
11:01 15:20 M15. △いつも僕が思う事.
◎鈴木慶一&ムーンライダース
音なし！
Z11

10/5

※ 生放送時にノイズ、ハウリングあり。後半が少しマシです

矢野顕子
＋ 駒沢ひろし

No. ....

M1			(2'55")
M2	待ちくたびれて。		(4'00")
× M3		メドレー	(6'45")
M4		(2曲以上やっているかもしれない?)	(2'45")
M5	丘を越えて。		(4'00")
M6.	未来		(3'48")
M7.	夏が終りました (?)		(3'48")
M8	あいあい傘 (もしかしたら「あいあい傘」の他に曲をやっているかも?)		(9'58")
M9		メドレー	(2'20")
M10	ドナ・ドナ	(M9からスチールの駒沢ひろしが入る。)	(0'50")
M11			(2'25")
○ M12	クマ		(2'53")
○ M13	津軽ツアー (矢野顕子ソロ)		(9'09")

株式会社ニッポン放送

Z.14

10/6 新宿ロフト　　1975

えんどうけんじ

No. ....　静かな曲の場合→SN悪し

M1. グッドモーニング・ミスター・サンシャイン　6:10 (6'56")
　頭に小ハウリあり　13:04

M2. 遠い汽笛　14:00 (4'19")
　電話のベルの音入ってしまう。16:35.　18:28

M3. マウイ島の朝 (インスト)　18:58 / 20:00 (62")
　他一曲 (〃)　20:34 / 21:53 (78")

M4 △ Love call　25:21 / 31:28 (7'13")
　イントロにしゃべりあり.

M5. ミルク・ティー　34:03 / 39:48 (6'35")
　電話の呼出の音入る　38:45 ↓つづいています.

○ M6. カレー・ライス　三島由紀夫割腹の時作る　41:21 / 47:02 (7'05")
　イントロにしゃべりあり.

M7. 夜汽車のブルース　50:54 / 56:17 (5'23")
　歌頭 ハウリングあり.

M8. 今日はいい日みたい　58:17 (5'00")
　1:02:14
　P. Harp Vo＝けんじ
　M9, M8 のTapeはオム＝バス

+ M9. 満足できるかな　曲の途中から in　1:0… (12'12")
　タイトルを言った時から最後まで
　ハウリングあり.　Tapeトラブル　↓
　ノイズあり.　1:05:54

株式会社ニッポン放送

2.17

10/7 新宿ロフト　　Key：1F
リリィ＆バイバイ・セッション　　パーカッション：斉藤ノブ

No. ……………　※全体的にベースの音が大.

M1. シューという名の女の子 (5'35") 36:08 41:54

M2. 今日は空が雨で出来てる (5'06") 41:58 47:13

□ M3. (明日)天気になあれ. (3'35") 49:18 52:54

□ M4. スターワールド (3'40") 52:55 56:43

M5. さようならになった日 (3'45") 1:01:18 1:05:09

M6. 憧れのファミレド色 (常田富士男氏の詩) (3'12") 1:07:33 1:10:48

↓ブレイクあり. つづいています.

M7. パイプ・ラヴ (4'30") 1:10:49 1:15:23

○ M8. 涙のない町 ↗1:18:54 1回目 (4'36") 1:19:34 1:24:12

※曲のイントロで失敗してやり直す. ↓MCなし

M9. 川原の飛行場 (5'17") 1:24:49 1:30:13

M10. 道しるべ (→この曲の音声レベルが4dBだけ高目) (4'46") 1:30:43 1:35:32

※M10からTape オムニバス ↓つづいています.　Tape END

~~M11. Some Love (4'40")~~

▷ ~~M12. スイート・メモリィ (8'58")~~

(アンコール) ※イントロでMC＋メンバー紹介
※銀次のギターが最高!!
(ハウリングあり.)

株式会社ニッポン放送

× ~~M13. [illegible]ジューン (4'06")~~

Z-18 へ　2.20
(M11, M12, M13)

10/9. 新宿ロフト

No. めんたんぴん No1.

△M1 コントラクト (3'35") 42:39
※ハウリングあり。 46:14

M2 流れ者/カーペンター The Band (3'36") 48:49
Vo. 忠平洋一郎 51:55

M3 ウエイト / The Band (4'48") 53:05
※ハウリングあり。 Vo. 忠平洋一郎 57:56

M4 "さい"やんなあ (3'23") 58:07
1:01:35

×M5 ロンリー・ナイト (6'…ぐらい) 1:01:37
※1'30"間ほど電源切れテレコもストップ(その間ドラム・ソロでした). 1:08:07

M6 テネシー・ランド (3'23") 1:08:33
Vo. 洋一郎 1:11:57

M7 川が海へ注ぐあたり (4'02") 1:11:57
何気ないピアノのイントロで始まる. 1:16:03

（M6〜M7 メドレー）

M8 春 (6'20") 1:16:36
※ハウリングあり。これも何気なく始まります. 1:22:46

M9 スウィート・エンジェル (4'55") 1:22:50
1:27:44

M10 帰り道 (3'53") 1:28:00
1:31:53

M11 夕焼け祭り (4'12") 1:32:12
M11〜M13 メドレー 1:36:30

M12 海 (7'17") (16'30") 1:36:30
Vo. 洋一郎
※M13だけテープ2です。 1:43:09

株式会社ニッポン放送

M13 「タイトル？」頭切れあり 7人乗りのバスが行く〜(1:43:36

1:46:16
Tapeトラブル音なし

END 1:46:16

2.24.

中野
駒沢 lap steel

No. ....

10月9日　新宿ロフト　(めんたんぴんくー)
センチメンタル・シティ・ロマンス

M1. コーラス〜　(6'35")　1:36

ハウリングあり

M2. 魅惑のサンバ流れる　(5'20")

ハウリングあり

M3. 雨ごい　(4'25")

メドレー
M4.
M5. うちわもめ
M6. チョコレート・アイスクリーム・サンデー　Total (10'00")

M7. ひたすら　(2'40")

M8. 春の日の歌　(2'15")

M9. こわっぱ　(2'37")

M10. 約束　(2'40")

株式会社ニッポン放送

2.25

No. ....

M11. 遺言 (3'00")

M12. あけ方小話 (3'40")

M13. ムーン・シャイン・サンシャイン (7'20")

↓ 以下 別テープ

株式会社ニッポン放送

2.25

10/9　新宿ロフト

No. センチメンタル・シティ・ロマンス　N.02

M14.　ロマンス航路（6'30"）

M15.　ソバカスの少女（3'35"）

M16.　愛は幻（4'55"）
センチ＋大貫妙子

M17.　プー（13'00"）

M18.　（3'30"）Good
アンコール

M19.　（3'05"）Good
メンバー紹介

M20.
〜10番街の殺人（5'15"）Good

M21.　あの娘の窓わく（7'25"）Good

株式会社ニッポン放送

2.26

本章の最後は、新宿ロフトオープンセレモニーに関連する音源4作品を紹介する。この4作品には、新宿ロフトオープンセレモニーに出演したアーティストの1976年のライブ音源が収録されている。このセレモニーに出演したアーティストの音源は、市場で販売されている作品が少ないため、この4作品は非常に貴重な記録である。この4作品にて、新宿ロフトオープンセレモニーの追体験をして頂きたい。

長谷川きよし
『Sunday Samba Session』

シンガーソングライター長谷川きよしが1977年に発表した、自身通算10枚目のアルバム『Sunday Samba Session』の復刻版。1976年の新宿ロフト、下北沢ロフトでの名演の数々が収録されている。日本のサンバの歴史であり、日本のサンバの創世記を封じ込めた名作。

収録曲

01. オルフェのサンバ
02. 私のカルナバル
03. マシュケナダ
04. カリニョーソ
05. 二人の夜
06. 小舟
07. トール・デ・サンバ
08. 愛の終りのサンバ
09. アバンダ
10. トリステーザ

南佳孝
『摩天楼のヒロイン』

松本隆のプロデュースによる南佳孝のデビューアルバム。1973年9月21日、はっぴいえんど解散記念コンサートと同日の発売。まさに日本のロック及びポップスの黎明期を代表するアルバムの一つ。ボーナストラックのうち4曲が新宿ロフトオープンセレモニーのライブ音源である。

収録曲

(『摩天楼のヒロイン＋5　45周年記念盤』より)

01. おいらぎゃんぐだぞ
02. 弾丸列車
03. 吸血鬼のらぶしいん
04. ここでひとやすみ
05. 眠れぬ夜の小夜曲
06. 勝手にしやがれ
07. 摩天楼のヒロイン
08. 夜霧のハイウェイ
09. 春を売った女
10. ピストル
11. 午前七時の悲劇
12. おいらぎゃんぐだぞ(シングル・ヴァージョン)
13. ピストル〜風にさらわれて(ライヴ・ヴァージョン)
14. 眠れぬ夜の小夜曲(ライヴ・ヴァージョン)
15. 弾丸列車(ライヴ・ヴァージョン)
16. 勝手にしやがれ(ライヴ・ヴァージョン)

ムーンライダース
『火の玉ボーイ』

新宿ロフトオープンセレモニー3日目に出演した、鈴木慶一とムーンライダース。その40周年記念デラックス・記念盤には、2001年12月のCD再発時に収録されたボーナストラックに加えて、さらに1976年10月3日のライブ音源全曲が追加されている。

収録曲
(『火の玉ボーイ 40周年記念デラックス・エディション』より)

DISC1
01. あの娘のラブレター
02. スカンピン
03. 酔いどれダンス・ミュージック
04. 火の玉ボーイ
05. 午後のレディ
06. 地中海地方の天気予報
07. ウェディング・ソング
08. 魅惑の港
09. 髭と口紅とバルコニー
10. ラム亭のテーマ～ホタルの光

DISC2
01. ペルシャの市場
02. 魅惑の滝
03. Beep Beep Be All Right
04. 月の酒場
05. 地中海地方の天気予報
06. ラム亭のママ
07. 酔いどれダンスミュージック
08. あの娘のラブレター
09. 髭と口紅とバルコニー
10. スカンピン
11. 酔いどれダンスミュージック(Out take)(ボーナス・トラック)
12. 髭と口紅とバルコニー(Out take)(ボーナス・トラック)
13. ラム亭のMAMA(Live 1976)(ボーナス・トラック)
14. 魅惑の港(Live 1976)(ボーナス・トラック)
15. ウエディングソング(Live 1976)(ボーナス・トラック)

矢野顕子

『ピヤノアキコ。～the best of solo piano songs～』

過去3枚のピアノ弾き語りアルバム『SUPER FOLK SONG』『PIANO NIGHTLY』『Home Girl Journey』から選曲したベスト盤。新たに録音した「ばらの花」「電話線」に加え、新宿ロフトオープンセレモニーで披露したメドレーライブ音源「あしたてんきになれ –雨ふり– 相合傘」を収録。

収録曲

01. 中央線
02. 在広東少年
03. しようよ
04. SUPER FOLK SONG
05. 恋は桃色
06. NEW SONG
07. 椰子の実
08. 雷が鳴る前に
09. さようなら
10. 愛について
11. HOW CAN I BE SURE
12. ニットキャップマン
13. PRAYER
14. ばらの花
15. 電話線
16. あしたてんきになれ–雨ふり–相合傘

3.11
1979.3.11
東京 ROCKERS
LIVE RECORDING
3.11
AM.12

第3章

80年代の憂鬱

市民権を得た日本のロックは大躍進を遂げ、マイナーからメジャーへ

思えばライブハウス「ロフト」がこれまで見てきたのは、日本のロックの始まりからの風景だったんだなと実感する。ロック黎明期からロフトは「私たちは日本のロックを支持する！」というテーマで五十数年頑張ってきたわけだ。現在、全国各地のロック系ライブハウスは実に2000軒を超えるというところまで進歩し、発展し続けてきた。

何度も力説してしまうが、私のロフト経営の基本的理念はこうだ。「新しく生まれたバンドの多くはライブをやっても数人しか客が入らず、どうやっても採算が合わない。だが、その中には素晴らしいバンドが数多く存在する。せっかく作ったライブの場であり、採算を無視してでもライブはやり続ける」。そんな思いばかりだった。そのためにロフトは長いこと、ライブは基本的に週末と祝日だけ行なうことにして、あとの時間はロック喫茶、ロック居酒屋としてなんとか持続可能な経営で支えながら、日本のライブの灯を絶やさぬために活動してきたわけだ。

このロック黎明期の時代、多くのバンドの動員力はせいぜい20人以下だった。しかしあの輝かしい、小さくも薄暗い空間ながらロックのパイオニアであった渋谷屋根裏（1

975年創業）が毎晩のライブを敢行し、さらには昼間の時間帯までライブをやり始めた。ほとんどお客がいなかったにもかかわらずだ。それをきっかけに無数のロック・バンドが世に溢れ、1979年頃にはロフトを始めとするライブハウスの多くが連日のライブ開催に舵を切った。

1976年の新宿ロフト（300キャパ）の誕生、世間をアッと言わせたオープニング・スケジュールの見事さがきっかけなのかどうかはわからないが、全国から新しいバンドが次々と名乗りを上げてきた。もちろんまだまだ無名のバンドが多かったが、ライブハウスでは30日間毎日ライブをやり続けられるだけのバンドがたくさん生まれ、スケジュールはなんとか充実してきた。

新宿ロフトのオープンを契機に、日本語ロックが誕生して市民権を得るに従ってライブハウスにも大きな光が当たり、なんともロフトは昇り竜の勢いで意気軒昂だった。都内にあるロック系ライブハウス4軒（西荻窪ロフト、荻窪ロフト、下北沢ロフト、新宿ロフト）は動員も増え、順調に売り上げを伸ばしていった。私は新宿ロフト誕生のために多額の借金をして実に気が重くしんどかったが、明るい展望も持ち続けていたものだ。

ロック情報誌『ルーフトップ』の創刊（と休刊）

それぞれの街に息づいてきた小さなライブハウスは、ストリート・カルチャーと並行しながらそれぞれの店舗で独自の音楽文化を構築してきたはずだ。われわれは地下室に籠ってばかりいないで、そうした最新鋭の音楽文化をライブハウスの外へ向けて発信していきたい、また、ライブハウスが並走した音楽の歴史を活字媒体として後世に残しておきたい。そんな表現姿勢もまたライブハウス独自のコミュニケーションの一端だと考えていたことから、ロフトが発行するロック情報誌『ルーフトップ』(Rooftop) の大規模リニューアルに踏み切った。それまではただ公演スケジュールが記された1枚の藁半紙をお客に渡すだけだったが、プロのデザイナー、編集スタッフ、カメラマンらを配し、独自の取材や記事執筆に取り組んだ。編集経験はほぼなかったが、一端の雑誌創刊を目論んだのである。

矢野顕子が表紙を飾る『ルーフトップ』の新装創刊号が発刊されたのは1976年8月、新宿ロフトがオープンする2カ月前だった。A3判型のタブロイド仕様で、単色刷り全4ページ。吉見佑子による矢野顕子へのインタビューを筆頭に、音楽評論家・相倉久人がホストを務める『相倉久人連載対談』(ゲストは矢沢永吉)、カルメン・マキ&OZへのミニ・インタビュー、佐渡山豊を論じた記事、矢野顕子『JAPANESE GIRL』と桑名正博『Who are you?』のレコード評など、今読んでも興味深い記事が掲載されている。

しかもこの『ルーフトップ』を私たちは無料配布したのだ。収支はもちろん赤字だったが、こうしたロック専門のフリーマガジンを一介のライブハウスが発行すること自体、大変なことだった。その意味でも『ルーフトップ』の発刊はとても画期的で、音楽業界を騒がし、評判も非常に良かった。

それ以来、レコード会社の広告収入を基軸として40年以上にわたり刊行を続けた。一

ルーフ RoofTop トップ
12
鈴木茂
コンサート・レビュー
楽器の話①
レコード・レビュー
URCレコードリスト
ロフト・スケジュール

創刊号
RoofTop
August
矢沢永吉
VS
相倉久人
佐渡山豊
矢野顕子

ROOF TOP 2
ムーンライダース
日暮真三
久保田麻琴と夕焼け楽団
小室等
高中正義
アイドル ワイルド・サウス
CONCERT REVIEW
News & Concert News
RECORD REVIEW
ロフト・スケジュール
楽器の話
ムーンライダース

ルーフトップ RoofTop NOV. 4th
山下達郎
ジョニー大倉
泉谷しげる
渋谷ヤマハ・ニュース
ロフト・スケジュール
新宿ロフト
オープン・セレモニー
アルバトロス
カルメンマキ&OZ
レコード・レビュー
森田童子

ROOF TOP 10
ティン・パン・アレー
鈴木茂
森園勝敏
サディスティックス
大塚まさじ
坂田修
原清人
ハリケーン
ラジ
三橋一夫
渋谷陽一／北中正和
全国ライヴ・ハウス情報
LOFT LIVE SCHEDULE
表紙●大貫妙子
撮影●長谷見幸夫
100エン

ROOF TOP
5
MAY
NEW Latin Qu
矢沢永吉
長谷川きよし
&サンデー・サンバ・セッション
稲村一志／尾関裕司
高中正義／サディスティックス
速水清司
キティー・レーベル

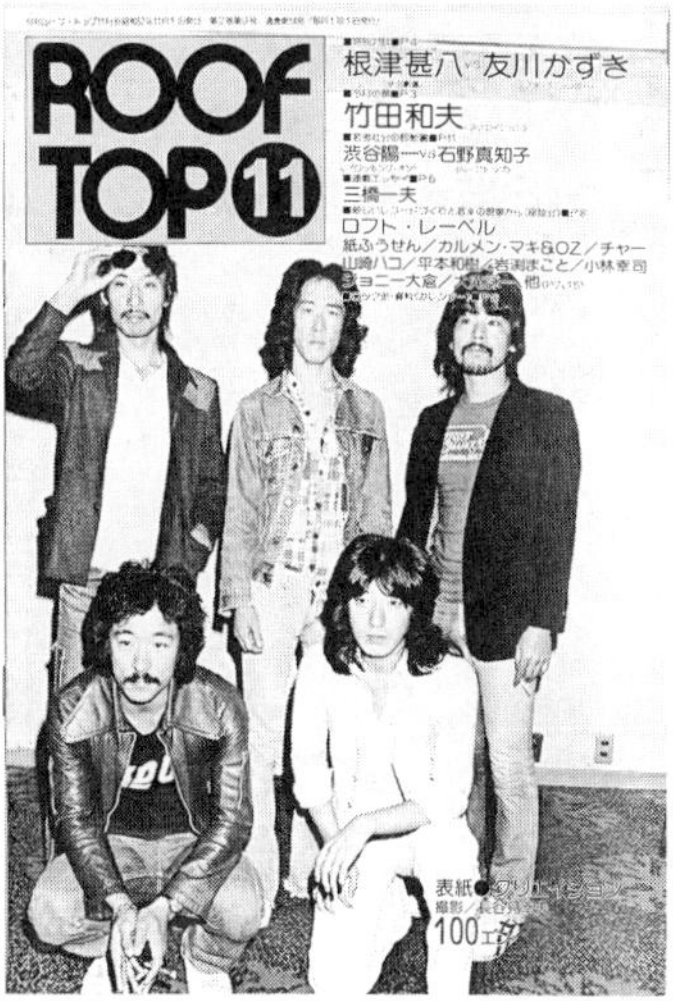
ROOF TOP 11
根津甚八 vs 友川かずき
竹田和夫
渋谷陽一 vs 石野真知子
三橋一夫
ロフト・レーベル
紙ふうせん／カルメン・マキ&OZ／チャー
山崎ハコ／平本和樹／岩渕まこと／小林幸司
ジョニー大倉／
表紙●クリエイション
100エン

ROOF TOP
7
速水清司

時はオールカラー50ページ以上の月刊誌として5万部を超える発行部数となり、全国の大型CD店や雑貨店など約350店舗で無料配布されていた。その後、次第に広告収入も目減りし、毎月200万円以上の赤字が続いたのにもめげず、「紙の文化を断固存続させたい」と頑張ってきたが、今やネットの時代。若い世代は『ルーフトップ』に限らず、紙媒体で情報を得る習慣がなくなってしまった。さらに新型コロナウイルスの感染拡大によりライブの延期・中止が相次いだことを受け、2020年4月にあえなく休刊となったのはなんとも残念であった（現在、『WEB ルーフトップ』は継続中）。

ライブハウス・ロフト・シリーズの誕生

1977年、私がライブハウス・ロフト・シリーズ（通称ロフト・レーベル）を立ち上げたのは、ライブハウスから有能な新人を発掘、育て上げ、レコード・デビューさせることが目的だった。

自ら育てた新人バンドをメジャーでレコード・デビューさせたいという思いが芽生えていたし、ロフトばかりでなく、多くのライブハウスが将来性のあるバンドをすでにいくつも育てていた。この現状を踏まえ、私たちは次世代を担う新進気鋭バンドをライブハウスから生み出す企画書と「檄文」を全国のライブハウスへ送った。しかし反応はイマイチで、賛同してくれるライブハウスはほとんどなかった。

それにも挫けず、ロフトは日本のフォーク／ロック界の重鎮・牧村憲一をレーベル・プロデューサーとして招聘した。彼は当時、山下達郎と大貫妙子が在籍したシュガー・ベイブやセンチメンタル・シティ・ロマンスのマネジメント、プロモーションを担っていた。

私たちは各レコード会社に「ライブハウスから新人を！」という企画書を送り付け、ロフト・レーベルの争奪戦はビクター、トリオ、ポリドール、東芝という4社のコンペになった。そこで一番条件の良かったビクター音楽産業と契約するに至った。

しかし、われわれと契約を結んでくれた、ロックに対してシンパシーのあったビクターの重役が突如退職してしまい、われわれはビクター第一制作本部に移った。このセクションが大変な鼻息だった。何しろピンク・レディーや松崎しげる、岩崎宏美といった人気歌手を擁し、ヒットチャートの上位を独占する勢いだった。制作部長である演歌生え抜きのO部長は、なんとも徹底的にわれわれに対して冷淡だった。いわゆる「ロックなど単なる流行りだ！」「ライブハウスなんてなんぼのもんじゃい！」という姿勢だった。

その時期、われわれは新宿ロフトの店舗作りで莫大な借金を抱えていて、金庫には一銭もない有様だった。だから新人は発掘できても、レコード制作の全てをレコード会社の契約金だけで運営しようとしていた。これではその部長にバカにされるわけだった。アルバム4枚、シングル8枚を出す2年契約を結んだが、その契約の半分も消化できずにその部長とはケンカ別れとなった。

そうした危機の中、ロフトと契約していた牧村プロデューサーは、上村かをる、大高静子、高崎昌子、吉田佳子、デビュー前の竹内まりや、堤遙子という女性アーティストを集めて『ロフト・セッションズ Vol.1』というオムニバス・アルバムを制作し始めた。

この将来性ある6人の新人女性ボーカリストをデビューさせてもなお、ビクターの反応は全くなかった。いくら契約金がそこそこに入ったとしても、それなりにロックに造詣のあるセクションに入らなければメジャーのレコード会社でもやはりどうにもならないことを実感したものだ。資金のないロフトとロックに無理解な部長がまるで嚙み合わず、終始こんな調子だったからレコードはどれも売れるわけがなかった。

1977年、ロフト・レーベルは石橋楽器と共催で『第一回渋谷公園通り音楽祭』を仕掛け、優勝したバンドをレコード・デビューさせるはずだった。1年にわたってロフトで予選会を続けた結果、大澤誉志幸がボーカルのクラウディ・スカイが優勝し、うじきつよしの子供ばんどがベスト・パフォーマンス賞を受賞したが、ビクター側からは全くのノー・アンサーだった。われわれにはクラウディ・スカイと契約してレコーディング費用を捻出する力さえなかった。これでは何のために『渋谷公園通り音楽祭』を開催したのかわからなくなってしまった。これを契機として、ロフトはレコード事業から撤退することになる。

伝説の『ロフト・セッションズ Vol.1』

苦い思いが残ったロフト・レーベルだったが、それでも出せて良かったと思えるレコードはある。牧村憲一によるプロデュースのもと、ロフトゆかりの若き女性ボーカリストと、その後の日本の音楽シーンを牽引していくミュージシャンたちが結集したセッション・アルバム『ロフト・セッションズ Vol.1』（LOF－2002）はその1枚だ。

リリースは1978年3月。先述した通り、上村かをる、大高静子、高崎昌子、吉田佳子、竹内マリヤ、堤遙子（いずれも当時の表記）という6人の女性ボーカルを迎えたオムニバス作品で、バックを務めた面子もまたロフトならではだった。

金子マリ&バックスバニーのナルチョこと鳴瀬喜博（ベース）、難波弘之（キーボード）、永井充男（ギター）。ラストショウの徳武弘文（ギター）、村上律（ペダル・スティール・ギター）、松田幸一（ハーモニカ）。ムーンライダーズの岡田徹（キーボード）、かしぶち哲郎（ドラム）、鈴木博文（ベース)、白井良明(ギター)。センチメンタル・シティ・ロマンスの細井豊(キーボード)、告井延隆(ギター)、中野督夫(ギター)、野口明彦(ドラム)、久田潔(ベース)。他にもイエロー〜ジョニー・ルイス&チャーのジョニー吉長(ドラム)、赤い鳥〜エントランスの村上〝ポンタ〟秀一(ドラム)、ハックルバックの田中章弘(ベース)、カシオペアの野呂一生(ギター)、ソー・バッド・レビューの山岸潤史(ギター)とチャールズ清水(キーボード)、バイ・バイ・セッション・バンド〜美乃家セントラル・ステイション〜一風堂の土屋昌巳(ギター)、日野皓正クインテットの土岐英史(サックス)など、当時のロフトの常連出演者たちが一堂に会している。今や日本屈指の熟練ミュージシャンたち(故人も少なくない)が、若き日々に繰り広げていた圧倒的な演奏力の高さを堪能できるだろう。

本作は1997年5月に初CD化されて以来、何度か再発され、ここ数年のブームとなったシティ・ポップのルーツとして近年再評価されているようだ。デビュー前の竹内まりやの貴重な音源以外にも、金子マリ&バックスバニーのバック・コーラスを務めていた上村かをるによる「星くず」(オリジナルは久保田麻琴と夕焼け楽団)、紀の国屋バンドの高崎昌子による「こぬか雨」(オリジナルはシュガー・ベイブ)といったカバーの出来も素晴らしく、同じく高崎昌子が唄う「気楽にいくわ」はプリズムの中村哲（サックス）らしいファンキーなアレンジが光る逸品だ。CD化された際、『CDジャーナル』誌にはこう書かれていた。

「表題がまぎらわしいがライヴ作ではなく、アフターアワーズ的なセッションが77〜78年当時の新宿ロフトゆかりの顔ぶれによるスタジオ・セッション作。関西勢と関東勢がシャッフルされたラインナップなのも、この時代ならでは。竹内マリヤ（当時の表記）を含む女性歌手たちの、〝攻めた〟歌声も興味深い」（CDジャーナル　データベースより）。収録曲とクレジットは以下の通り。

〈Side-A〉

01　星くず／上村かをる
【アレンジ（セッション・リーダー）：鳴瀬喜博／作詞・作曲：藤田洋麻】

02　ブラック・コーヒー／大高静子
【アレンジ（セッション・リーダー）：土屋昌巳／作詞：小西保輝　作曲：大高静子】

03
こぬか雨／高崎昌子
【アレンジ（セッション・リーダー）：緒方泰男／作詞：伊藤銀次・山下達郎　作曲：伊藤銀次】

04
雨はいつか／吉田佳子
【アレンジ（セッション・リーダー）：徳武弘文／作詞・作曲：告井延隆】

05
ハリウッド・カフェ／竹内マリヤ
【アレンジ（セッション・リーダー）：岡田徹／作詞：大貫妙子　作曲：竹内マリヤ】

〈Side-B〉

01
気楽にいくわ／高崎昌子
【アレンジ（セッション・リーダー）：中村哲／作詞・作曲：高崎昌子】

02
8分音符の詩／竹内マリヤ
【アレンジ（セッション・リーダー）：細井豊／作詞：松本隆　作曲：鈴木茂】

03
きょうから…／上村かをる
【アレンジ（セッション・リーダー）：鳴瀬喜博／作詞・作曲：上村かをる】

04

Motif-M／堤遙子

【アレンジ（セッション・リーダー）：中村哲／作詞・作曲：堤遙子】

ドキュメント・アルバム『衝撃のＵＦＯ』の衝撃

ロフト・レーベルの作品でもう一枚、忘れがたいのが1978年4月に発売した『衝撃のＵＦＯ』（ＬＯＦ－20003）だ。

レーベルを立ち上げたものの、何をやってもレコード会社からどこまでも無視され続け、「もう破れかぶれだ！」と私は腹をくくった。1973年に『ノストラダムスの大予言』がベストセラーとなり、1974年には超能力者を名乗るユリ・ゲラーが来日してスプーン曲げを披露するなど、当時の日本はオカルト・ブームが巻き起こっていた。その流れでＵＦＯ（未確認飛行物体）ブームに沸きかえっていた時代。いくらなんでも少しは売れるレコードを作って、あのビクターの芸能部長を見返してやりたい、それでないとせっかくのロフト・レーベルは終わってしまうと痛切に思っていた。そこで私はＵＦＯブームにあやかり、ＵＦＯのレコードを作ってやろうという前代未聞の構想に辿り着いたのだ。

ちょうど私の叔父貴にＵＦＯ愛好家の詩人でありフランス文学者・平野威馬雄がいて、私はその叔父貴を訪ねて相談した。すると叔父貴はこう言う。「悠さんよ、ナニ！　ＵＦＯのレコードだと!?　あのな、ＵＦＯの一番の特徴は、そうズバリだ、音がないんだよ！それでどうレコードを作るのか？」

それでも私はめげず、威馬雄叔父貴や『月刊　ＵＦＯと宇宙』などオカルト誌の関係者、不思議な体験をした人たちにデンスケ（当時の録音機材）を持って訪ね巡り、地球外生命体と交信を試みる模様やＵＦＯを呼び出す儀式の様子を再現し、なんとかレコードを完成させた。ジャケットのイラストはＵＦＯにも精通した横尾忠則が手掛けている。

私は長年、この『衝撃のＵＦＯ』はピンク・レディーの「ＵＦＯ」というヒット曲に便乗した企画だと勝手に思い込んでいたのだが、近年、話が逆だったことを牧村憲一に指摘された。事の顚末はこうだ。

ある日、私はロフト・レーベルの宣伝マンだった川原伸司に「次のロフト・レーベルのアルバムはUFOのレコードにしようと思っている」と伝えた。ビクターでピンク・レディーのスタッフでもあった川原は後日、ピンク・レディーの宣伝会議で新曲のテーマとして何か良いものはないかと尋ねられ、私の話を思い出して「UFOはどうですか？」と発言したという。その提案を作詞家の阿久悠が即刻受け入れたのかどうかは知らないが、結果として次作はUFOを主題とした曲になったらしい。つまりロフト・レーベルの『衝撃のUFO』がなければ、ピンク・レディーのあの空前の大ヒット曲は存在しなかったのだ。

この『衝撃のUFO』は後年、オカルト・マニアの間で評価が高まり、1998年には『衝撃のUFO－衝撃のREMIX－』と題したリミックス盤が制作された。細野晴臣から素材の一部をアルバムに使用したいと連絡をもらったこともあった。今にしてみれば、ライブハウス「ロフト」が残した時代の徒花、文字通り「衝撃」の一作と言えるのかもしれない。せっかくなので、収録内容を挙げておこう。

〈**Side-A**〉

01 マンテル大尉事件
02 U・F・O 歴史のナレーション
03 宇宙交信器（円盤への呼びかけ）
04 U・F・Oを呼び出す儀式
05 U・F・O 観測会
06 宇宙交信器（円盤からの声）
07 U・F・O 目撃体験談
08 宇宙の歌・宇宙語
09 宇宙からのメッセージ

〈Side-B〉

01 宇宙周期音
02 変光星音
03 円盤の詩（詩：平野威馬雄）
04 また来て円盤
05 電波望遠鏡による宇宙音
06 平和の詩 祈り

トムス・キャビンとの共同シリーズ企画『アメリカを聴く』

この当時の新宿ロフトのブッキングでとりわけ思い出深いのは、自身もシンガー・ソングライターとして活躍していた麻田浩が主宰するトムス・キャビンとタッグを組み、トムスとロフトの共同プロデュースで立ち上げたシリーズ企画『アメリカを聴く』だ。

トムス・キャビンは1977年のトム・ウェイツの初来日公演を始め、1978年のエルヴィス・コステロ、1979年のトーキング・ヘッズなど、麻田が観たいと思う最先端のミュージシャンを次々と招聘していた。

ロフトとの『アメリカを聴く』第1弾はピーター・ゴールウェイ(1978年11月)で、それ以降、マイケル・マーフィー(1978年12月)、ハッピー&アーティ・トラウム(1979年1月)、ジム・クエスキン(1979年2月)、ジェフ・マルダー&エイモス・ギャレット(1979年3月)、ブルース・コバーン(1979年4月)、トニー・ジョー・ホワイト(1979年5月)、ドクター・フィールグッド(1979年8月)のコンサートを新宿ロフトで開催。まだそれほど売れていない海外のミュージシャンを進んで招聘した。こうした企画自体、当時としては画期的なものだった。

後年、麻田浩はROCK CAFE LOFT is your roomで行なわれたトークライブで、当時のことをこんなふうに振り返っていた。

「まだそれほど売れていない海外のミュージシャンは向こうでクラブ・サーキットを回っているじゃないですか。お客さんも間近で観られる面白さがあるし、そういうことをやりたくてライブハウス・ツアーを組んでみたんです。ジェフ・マルダーとエイモス・ギャレットはロフトでやったライブが音源化もされましたね。確かロフトの裏にバスを入れて録ったんじゃなかったかな。それまでの外タレのコンサートって、東京、名古屋、大阪、後はせいぜい福岡くらいの大都市しか回らなかったんです。でもそれ以外の地方にだってファンはいるわけで、僕が呼んだミュージシャンにはできるだけ地方も回ってもらいました。トム・ウェイツだって、札幌、仙台、京都、福岡、岡山、金沢、横浜と回ってもらいましたし。札幌を回れたのは、はちみつぱいをやっていた和田（博巳）君が札幌で和田珈琲店という喫茶店をやっていて、十店満点という音楽好きな喫茶店や呑み屋の有志が集まる組織を作ってくれたからなんですよ。それでトム・ウェイツを札幌まで呼べたんですが、打ち上げには130人くらい集まったから大変でした（笑）。当時、札幌に屯田の館という呑み屋があって、その大広間には人が満杯だったんです。さすがのトム・ウェイツもその時ばかりは、みんなからお酒を注がれて呑んでいましたね」

(2019年1月、『月刊牧村 冬期ゼミ#3』より)

メジャー化していくシティ・ポップ系ロック

私たちが一貫して支持してきたロック・バンドたち。有名どころでは、いつもお客さん4、5人の前で歌う忌野清志郎率いるRCサクセション。集客がゼロに近かった柳ジョージやカシオペア。他にも愛奴に在籍していた浜田省吾、下北沢ロフトの店員バンドだったサザンオールスターズ、高崎の不良バンドだったBOØWYなど、彼らの活動初期はほとんどお客さんが入らず、ロフトでは長いことその状況に耐えてきたわけだ。

ライブハウスが連日ブッキングを組んで以降、ロックが世間に浸透するようになり、80年代半ばから90年代初めまではバブルやバンド・ブームもあって、大手レコード会社は新人バンドを食い尽くす青田買いに走り出す。私たちが支持するロックは、大手レコード会社や巨大プロダクションのライブハウス参入により瞬く間に商業化され、一部のロッカーたちは大金を手にすることにもなった。ＹＭＯでブレイクする以前、まだ無名だった坂本龍一は、「どこぞの牛丼が美味いかどうかを話題にしていた奴らがいつの間にか六本木のステーキ屋の話をしている」と言っていたものだ。

70年代後半になると、それまでロフトを根城としていたシティ・ポップ系の大物ミュージシャンたちがレコード会社の援助金を得て、そのライブの活動拠点を大型の公会堂や大手資本が運営するライブハウスに移すことになる。彼らは集客が安定していたので、ロフトにとって大きな痛手だった。お客が数人の時代を耐え忍び、ブレイクした途端に踏み台にされるのがライブハウスの宿命なのだろうか。

中には「１００人くらいまでの集客はライブハウスの任務だけど、それを1万人規模にできるのはわれわれレコード会社の責任だ」と言い切る関係者もいた。なんとも不遜なレコード会社の言い分だと思ったし、「結局、俺たちはレコード会社が儲かるために採算の合わないライブを頑張ってやってきただけなのか……」と啞然としたものだった。

こうした風潮が罷り通るようになり、それまで小さなライブハウスを支えてきたバンドやミュージシャンが営業的にライブハウスへ出演する理由もなくなったわけだ。残ったのはほとんどお客さんが入らないバンドばかりで、いくつもの空白日が出るようになった30日間のスケジュールを埋めるのに私たちは必死になった。

「ロフト育ちの坂本龍一や山下達郎、細野晴臣、大滝詠一、大貫妙子、桑名正博、ムーンライダーズも気づけば出演しなくなったな……」と私は大きく嘆いたものだった。

『DRIVE TO 80's』の衝撃 ～ロフトがパンク路線に踏み切った～

1970年代末期、新宿ロフトはメジャー化したニューミュージック路線から大幅にその路線を変えることを余儀なくされた。私は「このままニューミュージックの連中に頼っていてはロフトはジリ貧になる」という危機感から新しいムーブメントの開拓を意識するようになった。

そして、その方向性を大胆にもパンク路線に踏み切ることになる。それは新宿ロフトでのふとした雑談から始まった。


当時、私は焦りまくっていた。前月まで動員が10名以下だった若手バンドが、テレビかなんかに出て突然ヒットすると、翌月にはもう平気でスケジュールをキャンセルしてくる。経営者としても、頭を抱える日々だった。

1979年に入る前後だっただろうか、どんなに頑張っても新宿ロフトのスケジュールが埋まらなくなった。確かにその頃、メインカルチャー・シーンとは別のところで、ロンドンやニューヨークからやってきたパンクが日本に上陸し、細々とだがそのシーンを形成しているのは知っていた。しかし、ニューミュージック育ちの私たちはほとんど興味がなかった。さらに巷では、パンク・バンドの奇行が噂されていた。○○がステージで全裸になった、○○に機材を壊された、○○が麻薬で捕まった……。都内のほとんどのライブハウスはパンク・バンドを敬遠していた。

私の記憶に間違いがなければ、当時の日本のアンダーグラウンドなパンク・シーンの中心だった東京ロッカーズの連中（リザード、フリクション、S-KEN）が初めてロフトに出演したのは、その前年である1978年、下北沢ロフトだったはずだ。興味本位で私も観に行った。それほどお客が入ったわけではなかったが、音楽性は意外としっかりしていて、私はパンク・バンドの評価を若干変えた。しかし別に、それらのバンドにぶっ飛んだわけではなかった。ぶっ飛ぶのはその随分あとの話だ。

話を元に戻そう。1979年はセックス・ピストルズのシド・ヴィシャスが死に、江戸アケミ率いるじゃがたらが活動を開始した年だ。繰り返すが、ロフトのブッキング陣はスケジュールが埋まらず困り果てていた。

そんなある日、写真家の地引雄一、建築家の清水寛（当時、S-KENのマネージャーをやっていた）が分厚い企画書を持ってロフトの事務所へやってきた。「どうでしょう。この8月の夏休み、全国から40バンドほど集めてパンクのお祭りをやりたいのですが……」と二人は言う。「いわゆるパンク・バンドは、全国にたくさんいるはず。この際、一挙にみんなへ声をかけたい」という。

その時代、日本にも芽生えたパンクス群は非常にアンダーグラウンドで小さなライブ空間（渋谷屋根裏、吉祥寺マイナー）で細々とライブを行なっていた。日本のパンクスは海外のモノマネでしかない、そのうえ機材は壊すしケンカは起きるという危険な噂が広まっていたのを私たちは知っていた。どこのライブハウスもパンクのライブをやるのをどこか恐れていて、その種のバンドがライブを行なう場所すら当時はなかったのだ。もちろん私たちロフトもパンクに対しては同じ認識だった。

「そうか、全国から40バンドも結集してお祭りをやるというんだね。それで一番問題なのは、誰が会場防衛をするかだ。われわれにはパンクスの暴挙を抑える力がない。動員もちゃんとしてほしい」と、いささか高飛車に出た。

「それは自分たちで防衛隊を組織します。安心してください」と地引は答える。

そんな雑談の末に、私はゴー・サインを出した。ただでさえ埋まらないスケジュールだったが、夏の盛りである8月は特に埋まらなかったので、自由にやってもらうことにしたわけだ。

こうして『DRIVE TO 80's』と題された日本のパンク／ニュー・ウェイブの祭典と言うべき一大イベントが1979年8月28日から9月2日まで行なわれることになった。各日のスケジュールを振り返ってみよう。

8月28日（火） 前夜祭　映画『ROCKERS』上映／ボーイズ・ボーイズ／バナナリアンズ
8月29日（水） フリクション／アーント・サリー（from 大阪）／不正療法／HI-ANXIETY
8月30日（木） プラスチックス／SS（from 京都）／自殺／フレッシュ
8月31日（金） S-KEN／ヒカシュー／ミスター・カイト／スタークラブ（from 名古屋）
9月1日（土） ミラーズ／P-MODEL／8 1/2／サイズ
9月2日（日） リザード／突然段ボール／マリア023／モルグ
いずれも¥1000／¥1400（通し券¥5000）※例外あり

パンク・ロックの発火点となった東京ロッカーズと呼ばれた一群のバンドから、メデ

駐車禁止
NO PARKING
DRIVE TO '80
5DAYS NEW WAVE EXPLOSION

(JBL.4550 3WAY)
FLESH
BANANARIANZ
DRIVE to '80

ィアの話題を集めたテクノ・ポップの旗手たちまで、当時のシーンを代表するほとんど全てのバンドが集結した。全24組の新進気鋭バンドが6日間にわたり壮絶なパフォーマンスを披露し、蓋を開けてみれば連日大入りの大盛況。イベントは次々とロフトの動員記録を更新し、大成功のうちに終わった。売り上げ的にも充分だった。このイベントをきっかけに日本のパンクスたちはそれなりに音楽業界から認められるようになり、その後、日本のパンク／ニュー・ウェイブは凄まじい勢いで浸透、拡大していった。

こうして『DRIVE TO 80's』の成功で自信を得た私は、ロフトのブッキングをパンク路線へと大幅に変更していき、結果的にその後のライブハウス「ロフト」の方向性をも形作ったのだった。当時はまだニューミュージック主体だった新宿ロフトはその後、次第にロックの中心地となり、ライブハウスを中心としたロック・シーンが大きく育っていったのだ。

地引雄一が語る、日本のロック・シーンに与えたパンクの衝撃

時間軸を少しだけ巻き戻そう。『DRIVE TO 80's』が成功するに至るまで、日本のロック・シーンにパンクが与えた影響、根づいた経緯を説明しておきたい。

日本のそれなりに長いロックの歴史の中で、転換期と呼べる時代がいくつか存在する。たとえば70年代初頭、フラワー・トラヴェリン・バンド、はっぴいえんど、頭脳警察などが活動していたニューロックの時代は日本のロック勃興期として非常に重要な時代だった。そして、ここで取り上げる東京ロッカーズと80's インディーズの時代もまた、語るに足る大きな転換期の一つだ。

写真家であり、日本におけるパンクの仕掛け人でもあった地引雄一は、１９７８年に巻き起こった日本初のパンクロック・ムーブメント「東京ロッカーズ」の当初からカメ

ラマンやマネージャーなどの立場でシーンと深く関わり、翌年にはリザードらを中心としたレーベル「ジャンク・コネクション」に参加。1981年に自らインディーズ・レーベル「テレグラフ・レコード」を設立する。その傍らでカルチャー誌『イーター』も発行し、日本の初期インディー・シーンの形成に多大な功績を残した。
1976年にロンドンで巻き起こったパンク・ロックの波がその後、日本にも押し寄せたが、地引雄一は海の向こうのパンク・ムーブメントに時代の変化を感じて夢中になった日本人のうちの一人だった。

地引はこう言う。

「僕は当時あった『平凡パンチ』という雑誌に、短い髪を突き立てた女の子の写真と一緒に、ロンドンでパンク・ロックというのが流行っているという小さな記事を読んで、これは何かとんでもないことが起こっているぞと強い衝撃を受けた。そしてすぐに、輸入レコード屋でパンクのシングルを買い漁ったり、ミニコミで情報を収集したりと夢中になっていた。ただ、僕自身がロンドンに行って現地のパンク・シーンを見て来ようという気持ちはあまりなく、日本でもこういうムーブメントを起こさなければ意味がないと思っていた」

1978年、地引は日本のアンダーグラウンド・ロックを扱った数少ないミニコミ誌『ロッキン・ドール』を通じて紅蜥蜴というバンドに出会い、最初はカメラマンとして日本のパンク・シーンに身を置くことになった。紅蜥蜴の周辺には、互いに引きつけ合うように、ミラーズ、ミスター・カイト、S-KEN、そしてフリクションといったパンクに直接影響を受けていたバンドが集まってくる。ほどなく紅蜥蜴はバンド名をリザードと改名し、この5つのバンドが共同でライブ活動を始めるようになった。ライブの名前として「東京ロッカーズ」という言葉を使い始め、それが後にこのシーン自体を表す名称となった。地引の東京ロッカーズに対する見識はこうだ。

「その当時、同時多発的にいろんな場所でいろんな人が今の状況をなんとか変えようとしていた。それはもちろんパンクの影響もあったし、とにかく今何かを始めなければいけないという共通の思いを持った人たちがだんだん集まってきたことで、東京ロッカーズのようなひとつの形になっていった。バンド同士、決して仲が良かったわけでもないし、かといって戦略上付き合っていたわけでもなく、やっぱりそのとき一緒にやることの意味をそれぞれが感じていたんだと思う。決して、誰かが旗を振ってそれについてくようなものではなかったのが、ムーブメントがあれだけ大きくなった理由だと思う」

世代も音楽性も様々な彼らに共通する思いとは、一体どんなものだったのだろう？　地引はこのように語った。

「皆、60年代の熱気がすっかり冷え切っているという感覚は持っていて、それまでと同じ方法ではなく、全く新しいことをしなければこの状況は打破できないと考えていた。だから、フリクションのレックとヒゲはニューヨークに行って、パンクやノー・ウェーブを肌身で感じてきたし、リザードは紅蜥蜴から名前を変えてそれまでのスタイルを一変した」

パンクの正統派、〈東京ロッカーズ〉の時代

同時期に六本木にできたS-KENスタジオで、東京ロッカーズの定期的なライブが行なわれるようになった。東京に初めてできたパンクの拠点ということで、ライブは口コミで話題になり、日に日に動員を伸ばしていく。そして、新宿ロフトを始めとするライブハウスでのギグ、関西へのツアー、京大西部講堂でのライブなど、東京ロッカーズのシーンはもの凄いスピードでストリートに浸透していった。

そしてこの動きを既存の音楽業界も注目し始め、1979年4月にはCBS・ソニーからフリクション、リザード、ミラーズ、ミスター・カイト、S-KENの5バンドからなるオムニバス・アルバム『東京ROCKERS』が発売された。録音は1979年3月11日

に新宿ロフトにてライブ収録され、彼らの粗削りで生々しい音をリアルに伝える内容であった。
しかし、メジャーからアルバムをリリースすることに対して批判的な意見も少なくなかった。それまで既存の音楽業界とは無縁でやってきた東京ロッカーズが商業的に業界に組み込まれることのジレンマは、これ以降のインディーズ・ロックすべてにつきまとう問題でもあった。

それはさておき、このアルバムの発売によって東京ロッカーズはいよいよ全国区に知れ渡り、関西を始め、名古屋、九州のライブ・ツアーも大盛況となった。そして彼らはこのアルバム発売を最後に、東京ロッカーズの名を封印した。
地引は語る。

「〈東京ロッカーズ〉というのはシリーズ・ライブの名称だったんだけど、使用したのは実質1年間だけだったね。アルバム『東京ROCKERS』が出て以降、メディアから何か派閥のように扱われるようになったんだけど、自分たちは派閥を作った覚えもないし、東京ロッカーズはあくまで理念であって、決してあのバンドが東京ロッカーズだとも思ってなかった。そしてもはや東京ロッカーズという名前は足枷でしかなかった」

ここでやっと『DRIVE TO 80's』の話にたどり着く。カメラマン、またミラーズのマネージャーとしてこのシーンにどっぷりと浸かっていた地引は、この年の夏、新宿ロフトで6日間にわたるシリーズ・ライブ『DRIVE TO 80's』を企画した。当時、S-KENのマネージャーだった清水寛と地引が制作の中心となり、東京ロッカーズと呼ばれた5バンドを始め、当時の新しいシーンであったテクノ・ポップのバンドや、関西、名古屋で活躍するバンドなど、およそパンク／ニュー・ウェイブと言われるバンドたちに片っ端から声をかけた。その結果、『DRIVE TO 80's』は時代の最先端のバンドが一堂に会した盛大なフェスティバルになったのだ。地引からの視点はこうだ。

SHINJUKU
FOLK
SNACK
ロフト
AM.12▶AM.4/365-0698
MIRRORS
FRICTION
¥200
Lizard 7:00~8:00

SUPER

「あれはロフトの平野さんが夏休みの終わりにでかいイベントをやってくれって頼まれたからやったんだけど（笑）。でもそれは東京ロッカーズ以降の新しい方向を模索する絶好のチャンスだった。それでバンドの人たちも集まって、どんなイベントにしようか何回か話し合った。最初は反対意見もあって、イベントが失敗したらシーン自体が失速してしまうんじゃないかという心配もあったんです。それで結局、僕と清水さんがストリート・サバイバーと名乗って運営の中心になった。東京ロッカーズの頃はバンドが主体で運営していて、僕はただの使いっ走りだったんだけど、このときはイベントの実行委員会をバンドとは別に設けることになって、それで僕も初めて制作を担当することになったんです」

この頃になると、東京ロッカーズの蒔いた種はあらゆる場所で多くの芽を吹き出していた。1980年には遠藤ミチロウのスターリンやじゃがたら、ゼルダ、オート・モッド（一時期、BOØWYの布袋寅泰と高橋まことが参加）など、ストリートを拠点にするバンドが次々と登場した。地引はバンドばかりが東京ロッカーズではなく、その周辺の人間を含めた群像劇的なものだったと語る。そしてその舞台の中心として新宿ロフトが存在したのだ。

「僕なんかもそうだけど、カメラをやっている奴やデザイナー、ミニコミを作っている人、そしてこういう音楽を求めてライブ会場にやってくる観客の人たち、それらの総体が東京ロッカーズだったんじゃないかと思う。いち音楽のシーンに限らず、ファッションや文化全体を含め、ライフスタイルの変革こそがあの頃は一番重要なことだった」

パンク・ムーブメントが起こしたインディーズ文化の誕生

80年代以降のパンク／ニュー・ウェイブ・シーンで最も重要なことの一つは、レコードを自主制作するシステムを確立したことだ。これはのちにインディーズと呼ばれるようになり、レコードを自主制作するバンドの総称としても使われるようになった。地引も多くのバンドのレコード制作を手がけるようになり、インディーズ・レーベル「テレグラフ・レコード」を発足した。その経緯とはどんなものだったのか。地引の発言を見てみる。

「その頃、いわゆる大手プロダクションに所属した『業界ニュー・ウェイブ』と呼ばれる即席バンドがメジャーから次々デビューしていったんだけど、ライブの実績もないバンドがメジャー・デビューする一方で、ライブハウスで盛り上がっている実力のあるバンドがデビューできない、この状況は一体何なんだろう？　と不思議に思っていた。結局、それはプロダクションの力やレコード会社の意向など音楽業界の構造そのものであって、それに当てはまらないバンドは大手のレコード会社からはデビューできないということだった。でも、ストリート・シーンにいるバンドのほとんどは既存のプロダクションに入ることすら嫌がる連中ばかりだったし、たとえメジャーから出すにしても、リザードみたいに自費でロンドンに行って原盤を録音し、それを持ってメジャーと契約するといった形で、あくまで主導権はバンドが持つことにこだわった。そういう状況にあって、バンドが自分たちの意志を自由に表現できるレコードを作るためには、自力でレコード制作から流通までのシステムを作ることが最善の方法だった」

80年代前半は、まさにインディーズ・ロックが成熟していく過渡期であり、1985年8月にはNHKで『インディーズの襲来』という特番（AAレコードを主宰していたラフィン・ノーズ、ナゴムレコードを主宰していた有頂天のKERAなどが出演）が組まれるほどになった。インディーズの立役者でもありシーンの中心にいた地引だが、ますます大きくなっていくインディーズ・シーンに対して大きな危機感を抱いていた。もはやインディーズは普通のビジネスであり、既存の音楽業界と同じものになってしまったのではないか。1986年に初版が出版された著書『ストリート・キングダム』はそれほど反響を呼ぶこともなく、インディーズ・レーベルに意欲を失った地引は、80年代後半にテレグラフ・レコードの活動を停止した。

最初の『DRIVE TO 80's』開催から40年以上が経ち、その間には様々なシーンの変化もあり、音楽のスタイルも実に多様化してきたが、今なお第一線で活躍するミュージシャンも数多い。ヒカシューや突然段ボール、スタークラブ、P-MODELの平沢進、アーント・サリーのPhewなどは現役を貫いているし、今なお精力的にライブ活動を続けている。

なお、この『DRIVE TO』シリーズはその後、1999年10月に1週間にわたり『DRIVE TO 2000』、2009年10月から11月にかけて約1カ月にわたり『DRIVE TO 2010』がそれぞれ開催され、ロフトに着火したパンク／ニュー・ウェイブの灯が絶えず進化していることを提示し続けている。

ハードコアパンクの出現とロフトからの追放劇

一連のパンク・シーンの源流だった東京ロッカーズの躍進に代わり、次にロフトに台頭してきたのはハードコアパンク・バンドだ。

ハードコア（hard core）とは、「不良」「チンピラ」といった意味が込められたアメリカの俗語が元になっているらしい。本来は英語で「筋金入りの」「過酷な、厳しい」といった意味の形容詞だ。パンク・ロックから派生した音楽であり、攻撃的な歌詞と性急なビートが特徴。ポスト・パンク・シーンにおいてはニュー・ウェイブを筆頭に多彩なサウンドを展開するポップなバンドが現れていたが、これと拮抗する形でほぼ同時期に登場し、オリジナル・パンクの社会批判などの激しい主張、荒々しいサウンドなどをより過激に追求していったバンドを「ハードコア」という言葉で形容したのが始まりだ。つまり、パンクの新たな道を模索する「ニュー・ウェイブ」に対し、オリジナル・パンクのスタイルを頑なに守り、それをより深化させていくこと、「男気溢れる奴ら（筋金入り＝ハードコア）」という、相反する意味で名付けられた。

新宿ロフトでは1981年12月にスターリンがレコ発GIGを行ない、翌82年9月にはガーゼが『消毒GIG特別編ハードコア・パンクス2DAYS』を開催。ギズム、カムズ、エクスキュート（メンバーは後にガスタンクを結成）ら関東ハードコア四天王と共に、関西からラフィン・ノーズ、マスターベーションらが出演した。また、パンクに退廃美とアートの要素を取り入れたポジティブ・パンクもハードコアと連動する形で盛り上がり、オート・モッド、マダム・エドワルダ、サディ・サッズ、アレルギー（ボーカルの宙也はのちにデラックスを結成）らが活躍した。

これらのバンド群、とりわけハードコア・バンドはビートの異常な速さと攻撃的なエネルギーの爆発という点では評価できたし、ロックにはこういうシーンもあっていいはずだと私もそれなりに面白がって見ていたが、そのステージの乱暴さにはほとほと参ってしまった。ライブが始まるやいなや、ステージから客席に向けてビール瓶やドラムのスティックが投げつけられ、客席からもグラスや缶、ビニール傘などが投げ込まれる。演奏など二の次で、バンドもお客も乱闘や混乱を目当てにライブハウスへ来るようになった。ステージとフロア、双方に問題があった。場内乱闘で怪我人が絶えず、連日のように救急車を呼んだ。火災報知器が鳴り響いて消防車が来る日も少なくなかった。さらにライブハウス周辺ではパンクスのお客が開場前にも終演後にもたむろするようになり、ビルのオーナーや近隣の住民からたびたび抗議を受けた。

さすがの私もこれにはたまりかねて、遂に腹を決めた。すなわち、「もうこれが限界だ。大事故を避けるためにも、ロフトではハードコアパンクのライブを禁止する」。ライブハウスで発せられる表現とは本来自由なもので、誰に対しても門戸は開かれているというスタンスでロフトを運営していた私にとって、この決断はとても憂鬱なものだった。

店長とスタッフからの呼び出し

1981年8月29日夕刻、私は新宿ロフトの店長以下、スタッフ全員から呼び出しを受けた。あの日本のパンクの先導（煽動）者・地引雄一らが仕掛けた、『FLIGHT 7DAYS～インディペンデント・レコード・レーベル・フェスティバル～』最終日のことである。

ロフト事務所から新宿西口のロフトまでは300メートルほどだった。小滝橋通りには、交通渋滞の自動車がぎっしり詰まっていて、クソ蒸し暑い残暑とメタンガスの臭いのする黒い排出ガスが低く澱んでいた。

公害を垂れ流しながら高度成長に突っ走る日本、このシーンの数年後にあの愚かなバンド・ブームがやってくる。その前哨戦でのパンクスの雄叫びとも言える状況だったのだろうか。行き場のない若者群像……髪の毛を逆立てたモヒカン、革ジャン、金属の鎖や鋲付き黒装束の若い男女が不気味にいくつもの塊になってたむろしている。

私は汗をかきながらロフトの入り口に着いた。日が暮れる前から、ロフトの前の駐車場で酒盛りをしている連中もいる。「もうお祭りをやっていやがる。こいつらは店の中には入らず、ただ騒ぐのが目的だ。しかし強制排除する理由がない。そんなことをしたらかえって混乱を招くだけだ」と私は舌打ちをした。彼らは時々通行人を襲ったり、通る車にビール瓶を投げつけたりする、本当に困った連中だった。

ロフトの向かいには「はとバス」が停まっており、田舎から東京観光に来たお客にバスガイドが何やら、この得体の知れない不気味な連中のことを説明している。「また観光バスかよ。一体どんな説明を田舎者にしているんだろう？　ロフトがいくらはとバスの観光コースになっても、奴らが店に入らない限り一銭の得にもならんよな。お前らがそうやって見に来て煽るからこいつらがつけあがるんだ」とぼやいて、酒盛りしている連中に「ここで焚き火は厳禁だぞ。そしてケンカもだ！」と厳命し、私は店に入った。そんなことを聞く連中ではないことは私が一番よく知っていたが……。

この頃の私は、「ハードコアパンク……もうどうでもいいよ。でもこいつら、一体どこへ行くのかな？」と若干の好奇心もあったが、少々自暴自棄になってもいた。ちょうど、近隣住民による1回目の「ロフト出て行け！」の署名運動と訴訟まで起こされ、頭を抱えていた時期でもあったのだ。

いくらこの異様な光景を面白がっているとはいえ、そして何でもありの懐の深い新宿ロフトだから許されているとはいえ、私自身でさえこの乱暴狼藉が罷り通る状況にはいささかうんざりしていた。「もし俺が近隣住民だったら、先頭に立って『ロフト立ち退き運動』をしているに違いないな」なんて苦笑いと複雑な気持ちが交錯する中、私は薄暗い地下室へ入った。ステージではちょうど、吉野大作&プロスティテュートのリハーサルが終わったばかりだった。

店内には、店長以下、ＰＡ、照明を入れたスタッフ全員が揃っていた。当時の店長が口火を切った。

「悠さん、もうノイズ・バンドのライブはやめてください。昨日のようなライブは勘弁してほしい。もしわれわれの意見が聞き入れられないのなら、全員辞めさせてもらいます」

「えっ、何があったの？」と私はとぼけてみせた。彼らは怒りが収まらぬ様子でこう言った。

「見てください、この臭いと汚れ！　いくら掃除をしてもこの臭いは消えません。これでは1週間以上、ここで食事は出せません」

前日に出演したノイズ・バンド＝非常階段はスキャンダラスなステージで知られた。狂乱のノイズが鳴り響く中、ステージ上でメンバーが汚物やペンキ、牛乳、納豆、生魚、釣り餌用のミミズ、ゴカイなどを撒き散らし、手当たり次第に物をぶち壊して暴れ回る。挙げ句の果てには女性メンバーがしゃがんで放尿までするのだ。いくら場内にビニールシートを敷き詰めても不快な異臭が何日間も店全体にこもってしまうし、ミミズが店内に住みついてしまうこともあった。

私自身は非常階段のようなバンドを面白がっていたのだが、店長とスタッフの直訴もあり、やむなく出入り禁止にするほかなかった。

ポスト・パンクの時代 ～ニュー・ウェイブ、テクノ・ポップ、ヘヴィメタルまで

パンク／ニュー・ウェイブ勢がロフトを席巻した70年代末から80年代初頭は、こうして振り返ってみても実に面白い時代だった。70年代初頭のロック黎明期のように、次々と新しいバンドが現れてくることに私は興奮していた。ロフトのスケジュールには今まで眠っていた多様性のあるバンドが目立ち始めてきた。

従来のフォーク／ロック、ニューミュージック（シティ・ポップ）以降のロフトの系譜

をここでおさらいしてみよう。

やはりロフトとパンクを切り離せないと感じるのは、ロンドンでセックス・ピストルズが最初のライブを行ない、デビュー・シングル「アナーキー・イン・ザ・U.K.」を発売したのが1976年だったことだ。つまり、パンク誕生の年に新宿ロフトはオープンしたのだ。怒れる労働者階級の若者たちが支持したパンク・カルチャーは、その後、日本へも波及した。ニューヨーク・パンクを現地で目の当たりにしたS-KEN、パンク以降のアバンギャルドなシーンを同じくニューヨークで体感してきたフリクションのレックといった面々が日本で最初のパンク／ニュー・ウェイブのムーブメントである〈東京ロッカーズ〉の中心を担ったことも大きかっただろう。その震源地であり、彼の活動を強く後押ししたのが新宿ロフトだった。リザードやフリクション、ミスター・カイト、ミラーズといったバンドが強い存在感を示し、やがてニューミュージックはオールド・ウェイブと呼ばれるようになった。

オールド・ウェイブに対するニュー・ウェイブの音楽的定義は曖昧だが、パンクの精神性を保ちつつ、ディスコや電子音楽、民族音楽や現代音楽といった音楽的により大きな広がり、エッセンスを持たせたジャンルと言えば良いだろうか。パンクよりもポップな音楽性で、どこか知的で芸術性も感じられた。具体的に挙げれば、オムニバス・アルバム『東京ニュー・ウェイヴ'79』に参加していた8 1/2、『FLIGHT 7DAYS ～インディペンデント・レコード・レーベル・フェスティバル～』に出演していた水玉消防団やNON BAND、80年代以降で言えばハルメンズ（サエキけんぞう）、ゲルニカ（戸川純）といったバンドだ。

1978年にYMOがブレイクを果たしたことで押し寄せた、新世代のテクノ・ポップの面々もまたニュー・ウェイブと呼ばれた。テクノ・ポップは文字通りリズムボックスやシンセサイザーなどを多用する機械的なビートで構成されていて、さらにわれわれを驚かせたのは、その表現者の多くが音楽的には素人であるデザイナー、スタイリスト、イラストレーター、演劇人といった面々だったことだ。音楽を専門としない素人のお遊び的要素を多分に含みながら成立し、一つのシーンを形作るようになったのが驚異だった。すなわち音楽的技巧や主義主張よりもファッション感覚としてサウンドを構成したことに新鮮味があったのだ。この時代のロフトのスケジュールの一角を占めていた、ヒカシュー、P-MODEL、プラスチックスは次々とレコード・デビューを果たしていく。だがロフトでは、周回遅れで押し寄せてくるパンク、ハードロック、メタル、ヴィジュアルなどの強烈さと輝きに押され、やがて埋没していく。

パンクとはジャンル的に相反するヘヴィメタルに対してもロフトは手厚く支えていた。1982年10月24日、音楽評論家・大野祥之の企画で『関西ヘヴィメタル東京なぐりこみGIG』を開催し、関西出身の44MAGNUMとMARINOが出演。その前日と前々日に同じく関西出身のアースシェイカーが『HARD ROCK WEEKEND』と題してロフトで2デイズを敢行しており、この頃から日本のヘヴィメタル・シーンが着実に新たなムーブメントとなりつつあったのだ。

一方、〈東京ロッカーズ〉の面々が種を蒔いたパンク・ロックのDNAは全国へ浸透。

実は『DRIVE TO 80's』にも出演していた名古屋のスタークラブ、関東のアナーキー、九州のザ・モッズなどが80年代初頭に台頭してくる。また、ほぼ同時期に活躍し、パンクスからも絶大な支持を得ていたARB、ルースターズ、ロッカーズという「めんたいロック」と呼ばれた九州勢も、新宿ロフトを東京でのホームグラウンドとしていた。それは九州ロック勢の頂点と言われるサンハウス、シーナ&ロケッツが以前からロフトと蜜月関係だったことと無縁ではない。手前味噌になってしまうが、ロフトという土壌があったからこそ受け継がれていく音楽的系譜もあるのだ。その系譜、地層的重なりこそが文化の集積であり、この時期にロフトのステージに立ったバンドたちの音楽性とスタンスは、今日に至るまでロフトの精神性として脈々と受け継がれている。

高崎の不良バンド、BOØWYが私の最後の音楽仕事になった

下北沢ロフトの店員バンドだったサザンオールスターズ、ロフト・レーベルからデビ

ューした竹内まりやと将来性を見込める新人を発掘したものの、当時のロフトはとにかくお金がなかったのでこれらの表現者に対して何の援助もできなかった。

そんな忸怩たる思いが募るなか、1981年の春頃、業界で天下を取っていたあのビーイングの創業者・長戸大幸が私を訪ねてきて、唐突にこんなことを言い出した。

「高崎出身の暴威という新人バンドの面倒を見ることになったのですが、これがちょっと破天荒な連中でして。元暴走族なんですよ。それでこの不良バンドを扱えるのはロフトの平野さんしかいないと思いまして。彼らの音楽性には将来性を感じるのですが、自分には手に負えない不良バンドなので、なんとか平野さんに面倒を見てやってほしいのです」

そうして渡された暴威のデモテープを聴いてみた。いま思えば、「IMAGE DOWN」や「NO. NEW YORK」といった初期の代表曲が入っていたのだろう。

「おっと、いいサウンドしていますね。面白い、これはいけるかも。天下のビーイングと組んで仕事ができるなんて面白そうだし、もちろん引き受けさせてもらいます」と、私は少々興奮して答えた。

少し時間を置いて彼らと会うことになった。ギラついた目の切れ味鋭いカミソリみたいな連中だった。ボーカルの氷室京介（当時は狂介）、ギターの布袋寅泰と諸星アッシ、ベースの松井常松（当時は恒松）、ドラムの木村マモル、サックスの深沢和明。最初は6人編成のバンドだった。まもなくドラムが高橋まことにチェンジし、1982年10月にギターの諸星、サックスの深沢が脱退する。

1981年5月11日、暴威は『暴威 LOFT FIRST LIVE!!』と題したライブでロフト・デビューを果たしたが、初ライブにして初ワンマンの客はわずか13人（男性9人、女性4人）。このとき、客席に加入前の高橋まことがいたのは有名な話だ。

また、新宿ロフトでは土曜に「新人バンド公開オーディション」を設けており、何組かのバンドと一緒に暴威をブッキングした。あるとき、リハーサル時間が押したことに怒った待機中の氷室が、いきなりテーブルを叩きながら「遅っせぇ～なぁ！　どうなってんだよ！」と大声で怒鳴り出した。店長が「もう少し待ってくれないか」と言うと、

「誰だ！　てめぇ～は！」と毒づく始末。幸い、このロフトの店長と高橋まことが旧知の間柄だったことがわかり、事無きを得たのだが、まだ無名の新人バンドがロック小僧の聖地である新宿ロフトの店長にケンカを売るとは、度胸がいいにも程がある。

長戸大幸に「何とかしましょう」と約束した手前、放り出すわけにもいかず、その後も手を焼かされたものである。レコード会社のプレゼンテーションにメンバーが大遅刻をやらかしてみたり、どのレーベルの幹部も、その不良性に「ウチではちょっと……」と二の足を踏んだ。

その後、ビーイングのある大物アーティストを契約させる見返りとして、ようやくファースト・アルバム『MORAL』を1982年3月に出せることになった（この時点でBOØWYに改名）。だが、レコード会社はアルバムのプロモーションもろくにせず、誰も彼らの才能を見抜くことができなかった。そもそも「エアロスミスとアナーキーとサザンを足して3で割ったバンド」というレコードの帯コピーからしてセンスの欠片もなかったのだ。

そんな不満を解消すべく、彼らはライブに打ち込んだ。『GET HOT ROCKS!』『Do The

R&R』といったシリーズGIGを新宿ロフトで月1ペースでやり続け、4人編成になって以降は動員もどんどん伸びて将来性も見えてきた。

だが、その辺りからBOØWYにはメンバー間で不協和音が生じるようになり、いつ解散してもおかしくない状態が続いた。そしてついに、1年余りでビーイングがBOØWYから手を引くことになってしまった。その理由は複合的なものでなんとも言えないが、解散は時間の問題だったはずだ。ビーイングが手を引いた後も私はBOØWYが2枚目のレコードを出せるように東奔西走したが、どのレコード会社からも良い返事はもらえなかった。そんな折、またもやBOØWYに解散の噂が流れたのだ。

「いま君たちに重要なのは解散することではなく、BOØWYの旗をどこまで高く掲げられるかなんだよ。君たちを応援する人たちはみんな頭を抱えて悲しんでいるんだ」と私は布袋を説得したこともある。

氷室も布袋も「今月で解散する」などと平気で言う状態が続いたが、そんな状況とは裏腹に、彼らの動員力はさらに増していった。

ビーイングから切られた彼らは、かつて群馬で布袋と一緒にバンドをやっていた土屋浩（BOØWYの伝記『大きなビートの木の下で』の著者、紺待人としても知られる）がマネージャーに就いた。当時は高円寺でスタジオを経営していたこの土屋が大変な切れ者だった。

マネージャーが土屋に変わった頃からロフトの300キャパでは入り切らなくなり、徳間ジャパンから2作目のアルバム『INSTANT LOVE』を出せる見通しもつき、やがてBOØWYはその主戦場を1000人キャパの渋谷ライブ・インへ移すことになる。

そうなるともう私の出番はなくなり、ある日土屋と話した。

「ビーイングが手を引いたように、俺もBOØWYから手を引く。あとは頑張ってくれ、土屋」。そうエールを送った。

「平野さん、BOØWYから逃げるんですか?」

「いや、こんないつ解散するかわからんバンドとはこれ以上付き合えないよ」

「そんなことありません。BOØWYは解散させません。自分が責任を持ちます」

「俺にはもう興味がない。あまりにも長くライブハウス業界にいたせいか、音楽からちょっと離れて長い海外の旅をしたいと思っているんだ」

「見ていてください。BOØWYは絶対天下を取ってみせます。絶対に！」

土屋は私の前で涙を流しながらそう訴えた。だが当時の私は音楽の仕事にほとほと疲れ果て、どうやってロフトを畳んで無期限の海外放浪の旅に出ようかと考えていた。そしてその計画を実行に移した。

その1年後、私はBOØWYのブレイク、大成功、そして解散を日本から遠く離れたアフリカの地で聞くことになった。結局、無力な私はBOØWYのためにやれることなど何一つなかったのだ。

後年、ロフト時代を回顧した氷室が「あの（新宿ロフトの）薄暗い地下のスペースから自分自身の歴史が始まったことを、いつだってとても誇りに思っています」と言ってくれたが、彼の言葉を聞くたびに私は今でもとても複雑な気持ちになる。

ロフト解散宣言　〜世界100カ国制覇の旅への挑戦

BOØWYの失敗を契機として、私はロフトの解散を強く意識するようになった。

BOØWYは新宿ロフトで『BEAT EMOTION LOFT 2DAYS 〜すべてはけじめをつけてから〜』と題した2日間のライブを行ない、ユイ音楽工房（現・ユイエンタテインメント）と契約してオーバーグラウンドへ浮上していく。ロフトの看板バンドと言われたARB、アナーキーは徐々にホールへの出演が増え、ルースターズは大江慎也の心身不良で休業状態が続いた。次世代を担う気鋭のバンドももちろん続々と出現していたが、自分の中でロックに対する興味とライブハウス経営への熱がどんどん冷めていくのを感じていた。

1984年、新宿ロフト開店の際の膨大な借金をなんとかゼロにできて、緊張の糸が切れたことも大きかったのかもしれない。長く続いた借金地獄から解放されたのと同時に、私はライブハウスからもロックからも自由になりたいと考えるようになった。

先述したインディーズ・ブーム、バンド・ブームが過熱し始め、雨後の筍のようにライブハウスが全国に出てきた。客の入るバンドの争奪戦が始まり、さらには大手資本によるロック・ムーブメントの参入を傍で見て、私はビジネスとしてロックに参入し続けるパワーを失いつつあるのを感じ、自分の立ち位置を見失ってしまっていた。そして、自分の役目はもうここで終わりだと実感した。

40歳でバツイチ、独身だった私は、どこまでも自由な人生を送れるはずだった。「なんのためにこれほど必死に働くのか？　自由が丘を含めた6軒のライブハウスと音楽プロダクションを運営し、30人を超える社員、70名のアルバイトをこれからもずっと支えなければならないのか？」と私は自問し続け、日々の業務に忙殺されながら、システマチックに流れていく日常にどこか苛立っていた。

60〜70年代の激動の〝政治の季節〟を体験していた私は、あの時代のように毎日が緊張と興奮の連続だった場面にまた身を置きたいと痛切に考えていた。「世界は今、激動している。第三世界の台頭、地球の隅々で起こっている独立戦争をこの目で見て体感したい」。そう思うと、湧き起こる衝動をとても抑え切れなかった。1984年9月、覚悟を決めた私はスタッフにこう告げた。

「ロフトは解散する。俺は旅に出る。無期限の放浪の旅だ」

できれば日本へは一生戻りたくないと考えていた私は、ロフトの全店舗を畳むことを考えていたが、腹心の部下に説得されて新宿ロフトだけは残すことにした。ロフトが日本のロック・シーンを牽引する立場となった今、もはや私の一存だけで店を畳むわけにはいかなかったのだ。店舗経営を続けていた下北沢ロフト、自由が丘ロフトは当時の各店長に暖簾分けすることにした。私自身はもはやロフトの経営をする気はなくなっていたが、店長が健在なのに赤の他人に売却するのはどうかと考えたからだ。彼らには店の補償金だけを10年月賦で返してもらい、音響機材や内装の備品など店のすべてを無償であげることにした。今思えば大胆な決断だった。なお、自由が丘ロフトは2018年4月に閉店したが、下北沢ロフトは今も同じ場所で営業を続けている。

こうして私はあらゆるしがらみを断ち切り、無期限世界放浪の旅に出発した。その後の私はバックパッカーとして3年もの間に世界87カ国を放浪し、ドミニカ共和国で5年間、日本食レストランを経営。1990年に大阪で開催された『国際花と緑の博覧会』でドミニカ政府代表代理、ドミニカ館館長に就任。その後、新宿ロフトのビル立ち退き問題と対峙すべく、1992年に帰国した。

ロフトの〝避難所〟として1991年に下北沢シェルターを開店させたこと、8年ものあいだ日本を留守にしていたことで浦島太郎状態となり、日本の音楽産業に居場所を失った私が自分の〝遊び場〟として世界初のトークライブハウス、ロフトプラスワンを1995年に新宿に立ち上げたことなど、その後もロフトの歴史は連綿と続いていくのだが、本書はあくまで1976年の新宿ロフトが主題のため、平成以降のロフトの歩みについては別稿に譲りたい。

こうして振り返ってみると、1971年に私が烏山ロフトを始めてから世界放浪の旅へ出る1984年までの13年間というのは、日本のロックの萌芽が急激に成長、発展していった、実に面白い時代だったと改めて感じる。ロフトは揺籃期のロック文化と並走しながら、バンドともお客さんともフェイス・トゥ・フェイスのコミュニケーション空間を確立しようとした。人と人のつながりの場を提供し、五線譜をはみ出した規格外の表現を常に応援してきたし、これからもそうするだろう。その使命がある限り、ロフトの歴史はまだまだ続いていく。

エピローグ

「エピローグ」（あとがき）とはライブ本編後のアンコールのように、相当なクオリティが必要となるようだ。質が低く情けない演奏のアンコールだとぽろぽろとお客さんは帰ってしまう。それと同じように、あとがきが面白くないと読者が本を投げ捨ててしまうかもしれないと思ったりする。それなりのお得感がなければただの文章の羅列になってしまうし、私はどこかプレッシャーを感じながらこの最後のセンテンスを書いている。

この本は、日本で芽生えたロックがサブカル的位置から市民権を獲得していくところが主題であるはずだ。その過程において起爆剤の一つとなり、この時代におけるロック業界の最大の話題が、３００人を収容する当時としては大型ライブハウスだった新宿ロフトの誕生なのだと思う。時は１９７６年。田中角栄元首相らが逮捕されたロッキード事件が世間を賑わし、モントリオール五輪が開催され、森村誠一の『人間の証明』や村上龍の『限りなく透明に近いブルー』がベストセラーになった年だ。この時代、ロックはまだ一部の愛好家から支持されていたに過ぎなかった。ロックを愛する若い世代――レコードだけに飽き足らず、ライブを観る側と演奏する側、この時代に青春を謳歌した私たちにとって、新宿ロフトのオープンは忘れ難い出来事だったと思う。

それまでの西荻窪、荻窪、下北沢という3軒のロフトの集大成として、本格的なライブハウスがついに東京にできたと、ロック・ファンから大きな期待と好意をもって迎えられた新宿ロフト。広さ65坪、オールスタンディングでキャパシティ300人。スピーカーは当時の日本で一番大きかったJBL4550をアメリカから直輸入し、PAのミキシング・コンソールも最上級のものを使い、音響機材に関してはこれなら誰にも文句を言わせないぞとばかりに資金を投資する力の入れようだった。

オープンセレモニーと銘打った10日間の公演内容は〝歴史的スケジュール〟と言われ

た。それはまさしくロフトの歩みを凝縮したようなブッキングで、私は「これこそが僕らの支持してきた音楽だよ！」と日本語ロック・ファンに届けたかった。

１９７８年８月、新宿ロフトはＴＢＳ系列の人気音楽番組『ザ・ベストテン』の生中継で一躍注目を集めた。注目のアーティストを紹介する「今週のスポットライト」のコーナーにジョギングパンツ姿で登場し、「勝手にシンドバッド」を披露したのがサザンオールスターズだ。メンバー数人はかつて下北沢ロフトの店員で、アミューズの創業者・大里洋吉に見出された。このテレビ放映は、ライブハウス「ロフト」の知名度を飛躍的に高めることになった。

ライブ中に身の危険を感じて経営者としては何度も肝を冷やしたが、パンクの全盛期も面白かった。大量の爆竹を鳴らし、豚の臓物を客席に投げつけたスターリン、もう開演時間が迫っているのに銭湯へ行ってしまい、ライブを勝手に遅らせたフールズなど、既存のパンクに果敢に挑戦する新興バンドが次々と出てきた。今でこそ行儀の良いバンドが増えたが、不良であればあるほど、ロクな奴じゃなければないほど良い音を出すというのがこの時代。なかでも当時のロフトが最も危険視していたじゃがたらは、江戸アケミが「商業主義ロフトを潰せ！」などとステージからアジり、私も「この野郎！」とは思ったものの、そうした反抗的なバンドを面白がって出演させてしまうのもロフトのポリシーだった。客とのトラブルは絶えず、高価な機材を平気で壊す連中だが、良い音を鳴らして素晴らしいパフォーマンスを繰り広げるのだから仕方がない。私はそういうバンドをどうしても認めてしまう癖があるようだ。

80年代にかけては他にも、今や俳優として活躍する石橋凌がリード・ボーカルを務めたＡＲＢや陣内孝則のロッカーズ、ロフトを根城にしたアナーキーやルースターズ、インディーズ御三家と呼ばれたラフィン・ノーズ、ウィラード、有頂天といった新進バンドがロフトに登場。

その時代の中で、日本のロック・バンドの一つの到達点だと私自身も感じ、日本のロックの在り方を根底から覆したと言われたのが、氷室京介、布袋寅泰らが在籍したBOØWYだった。研ぎ澄まされた楽曲もヴィジュアルもポピュラリティーがありながら、誰にも似ていない独自の格好良さや美学が感じられた。ロックと歌謡曲の境目がなくなっていった時代だ。

ちょうどそんな時期だっただろうか。レコード会社が、「レコードと同じ音でライブをやれ」などとアーティストとライブハウスへ指示してくる時代が来た。ライブハウスは、いつしかレコードを売るためのプロモーションの場になっていた。ロックのライブは予定調和じゃないほうが面白いに決まっているし、現場でレコードと同じ音を再現すればそれで良いのか？　と私は失笑してしまったが、考えてみれば彼らはレコードを売ることで生活が成り立っているわけだから、客同士のケンカなど茶飯事で、ビール瓶や空き缶が飛び交い、演奏中に音が飛んだり照明が落ちたりするようなハプニングが起こるライブハウスを一段も二段も下に見ていたのだろう。私などは、そうした予定調和を逸脱したハプニングやスリルこそがライブハウスの醍醐味だと感じていたが、レコードを売ってなんぼの世界の人間には到底理解できない感覚、感性なのだろう。

一例を挙げよう。ある大物作曲家から楽曲提供を受けた関西の某バンド（長いことマイナーながらロフトで頑張っていたバンドだ）が新宿ロフトでの演奏の最中、電源が二度ほど飛んだことがあった。その原因はバンド側にあったのだが、演奏が突然アカペラになってしまった。このときも私は、巷のライブハウスではこういう予想外のアクシデントが起こったっていいと思っていたが、そのバンドは結局、ロフトには二度と出演することがなかった。後で聞いた話によれば、レコード会社の人間がライブハウスの混乱を嫌い、「あそこは酷い」「もう出ない」ともの凄い剣幕だったという。

ちょっと待ってくれよ、と私は思った。ロックとは反権力、反体制のシンボルだったはずだ。それなのに、「頑張ろうよ」だの「手をつなごう」だの、薄っぺらい人生応援歌をどの面下げて唄うようになったのか。孤立無援のロック歌手が、歌謡曲の大御所先生から作詞・作曲をしてもらうのがいつから当たり前になったのか。いい加減にしろよ、「絆を大切に」「一緒に乗り越えよう」なんて歌をミック・ジャガーがいつ唄ったんだ⁉と思ったりもした。

時は流れ、１９９９年４月。新宿は都市再開発計画の名のもとに高層ビルが建ち並び始め、かつて小滝橋通り沿いにあった新宿ロフトは立ち退きを余儀なくされ、心機一転、日本有数の歓楽街として知られる歌舞伎町へ移転することになった。ホコ天・イカ天を含むバンド・ブームの狂騒を経て活気を失っていたライブハウスも、ハイスタンダードらメロコア勢の躍進により90年代半ばから活気を取り戻していた。かつてのライブハウスは群雄割拠で、異ジャンルに対する敵対心や競争意識が良い相乗効果を生み、それがライブハウス全体の活性化へつながっていたものだが、２０００年代に入るとジャンルの細分化がより進み、異ジャンル同士が混ざり合うことで生まれるライブハウスならではの面白さは薄れてきたようにも感じる。

烏山ロフトのオープンから49年、新宿ロフトのオープンから44年が経過した２０２０年。全世界を震撼させた新型コロナウイルスは全国に点在するライブハウスや映画館、劇場を直撃した。全国に10店舗あるロフトを運営するわがロフトプロジェクトも例外なく苦境に立たされ、正社員50人、アルバイト１００名のスタッフをリストラすることなく、一軒も店舗を閉鎖することなく、なんとかこの難関を乗り切ろうとしていた。

だが同年3月、ロフト系列の店舗から早々にコロナ陽性者が出てしまい、マスコミが「ロフトからクラスターが発生した」と騒ぎ立てたことで批判が殺到した。小池百合子都知事は「夜の繁華街への外出を控えてほしい」と訴え、密閉・密集・密接の三密解消を求めた。その三密の最前線であるライブハウスは猛烈なバッシングを受けることになり、これには参った。各ライブハウスの家賃だけで毎月1300万円、社員や契約社員などの人件費など含めて毎月5000万円の赤字を抱えるロフトは、無観客のライブ動画配信で糊口を凌いだが、会社はいつ潰れてもおかしくない状況になってしまった。

多くの会社が社員のリストラを断行する中で、私たちロフトは一人も退職させるわけにいかないと、政府の日本政策金融公庫などを通じて無担保・無保証人で利子1%、返済期間30年で2億数千万円を借りることに成功した。いつも政府批判ばかりやってきた私たちだが、こればかりは今の政府によくやってくれたと感謝するばかりだ。

だが私は、このコロナ禍を変化の機会だと捉えていた。コロナが呼び水となって従前の社会の枠組みや既成概念がすべて壊れ、新しい時代となり、新しい文化が生まれる。そうなることに期待したかったし、その反面、私が半世紀近く育んできたライブ文化がそう易々と失われるわけがないとも考えていた。コロナがライブ文化を殺したなどと感染蔓延初期に言われたが、内なる精神に耳を傾け、発せられた表現を熱い思いで他者と共有するライブは人間の原点だ。いくら動画配信が盛んになっても、ライブ体験なしに人は満足できないはずだ。長年の経験から私はそう考えていた。ライブハウスは「濃密最前線」じゃなきゃ面白くないのだ。

2022年10月にライブハウスの収容人数制限が条件付きで100%に緩和され、2023年5月には新型コロナウイルス感染症が5類感染症に変更され、コロナの脅威は終息したとは言えないまでも、沈静化しつつある。

かつて『BANDやろうぜ』という雑誌が一時代を築いたのが懐かしく感じるほど、若者のバンド離れが昨今顕著だという。バンドを組まなくても音楽は一人でやれる、ギター・ソロが始まるとスキップする、CDはさっぱり売れない。まさにバンドにとっては逆風の時代のようだ。どんどん潰れていく大手レコード会社の金銭的フォローは望めないため、バンドはまるで媚びるように楽しく面白いライブを徹底し、Tシャツや手ぬぐいなどのグッズを売って活動費用を賄い、アイドルのように握手会を辞さないバンドまでいる。

だが、時代は繰り返す。歌詞、メロディ、サウンドという音楽の根幹を成す三大要素にそれぞれ焦点が当たる時代が交互にやってくるのは、音楽の歴史を紐解けばよくわかる。ヒップホップのように言葉とリズムに特化したジャンルが流行った後は、その反動でメロディの逆襲が始まるかもしれない。パソコン上で生まれる無機質な音楽に飽き足らず、ふれあいや一体感を求めてバンドを始める有能な若い世代が現れ、再びロックの時代が巡ってくることもあるだろう。

何より、バンドはやはり面白い。生まれも育ちも違う人間同士がぶつかり合いながら同じ音楽を奏でる妙味、揺らぎはパソコンやＡＩで生成できるものではないし、バンドもライブも一期一会だからこそ面白い。

今やライブハウスやクラブへ行ったことのない若い世代が多いと言われる。どうやって音楽を聴くんだ？　と彼らに聞けば、「YouTubeで適当につまんで」と言われ、私は愕然としてしまう。

ライブとは「体験」だ。CDは音の記録メディアであり、強いて言えば「経験」だ。CDで「経験」して、その音楽にハマる。そうすると、CDを聴くだけでは済まなくなる。生で観たいという「体験」欲求が生まれ、現場へ足を運ぶ。これがライブハウスの存在妙味だと思う。

CDはパソコンに取り込めば容易にデジタル・コピーできるが、ライブの「体験」は決してコピーできない。生のライブ演奏でしか味わえない、得も言われぬ刺激と興奮、終演後の余韻。その「体験」ばかりは誰にも奪われることなく、自分一人で享受できるものだ。それを一生の糧として、音楽の道に生きることを選ぶ人もいる。私はライブハウスで育まれるコミュニケーション、同じ演奏は二度とない一期一会の表現に魅せられ、この仕事を未だ続けている。それだけ人を動かす何かが、ロックなりライブハウスなりにはあるのだ。

ここ数年、とりわけコロナ禍を経て音楽やライブに対する需要やわれわれの受け止め方が激変したのは確かだが、それでも、いやだからこそ、ロフトへ、ライブハウスへ足を運んでほしい。「濃密最前線」でしか味わうことのできない唯一無二の熱狂と感動がそこにはあるのだから。

2023年　平野悠

NESCAFE

SHINJUKU
ロフト

LOFT
OPEN
BELLE PARIS

ホラ 聴こえてくるだろう
この扉の向うの地下室から
の裏街を疾走するBruce springsteenや
マイカの熱いリズム。POLICE達の叫びが
のcoffee をすすりながら、やはり
Headsをリクエストするのもいい……
00~5:00はCOFFEE TIMEです
LIVE
HOU
COFFEE

SHINJUKU LOFT
LOFT
OFFEE WHISKY
& SOME FOODS
IVE
HOUSE LOFT
君は見たか 新しいロフトを!

KAPLANS
Lunatic
CROSS

NOIE◇LOZE
SONIC
OMEN
YOUTH BRIGADE

写真：帯、P2〜3、14〜15、126〜127、156〜157、166〜167、168〜169、210〜219
©地引雄一

星海社新書 28

1976年《ねん》の新宿《しんじゅく》ロフト

二〇二四年 一月二二日 第一刷発行

著者 平野《ひらの》悠《ゆう》

監修 牧村憲一《まきむらけんいち》

構成協力 椎名宗之《しいなむねゆき》

協力 絹見誠司《きぬみせいじ》・日刊《にっかん》ゲンダイ

発行者 太田克史《おおたかつし》

編集担当 築地《つきじ》教介《きょうすけ》

発行所 株式会社星海社
〒一一二-〇〇一三
東京都文京区音羽一-一七-一四 音羽YKビル四階
電話 〇三-六九〇二-一七三〇
FAX 〇三-六九〇二-一七三一
https://www.seikaisha.co.jp

発売元 株式会社講談社
〒一一二-八〇〇一
東京都文京区音羽二-一二-二一
(販売) 〇三-五三九五-五八一七
(業務) 〇三-五三九五-三六一五

印刷所 TOPPAN株式会社

製本所 株式会社国宝社

アートディレクター 吉岡秀典《よしおかひでのり》(セプテンバーカウボーイ)

デザイナー 榎本美香《えのもとみか》

フォントディレクター 紺野慎一《こんのしんいち》

校閲 鷗来堂《おうらいどう》

ISBN978-4-06-534787-4

Printed in Japan

283

SEIKAISHA SHINSHO

次世代による次世代のための

武器としての教養
星海社新書

星海社新書は、困難な時代にあっても前向きに自分の人生を切り開いていこうとする次世代の人間に向けて、ここに創刊いたします。本の力を思いきり信じて、みなさんと一緒に新しい時代の新しい価値観を創っていきたい。若い力で、世界を変えていきたいのです。

本には、その力があります。読者であるあなたが、そこから何かを読み取り、それを自らの血肉にすることができれば、一冊の本の存在によって、あなたの人生は一瞬にして変わってしまうでしょう。思考が変われば行動が変わり、行動が変われば生き方が変わります。著者をはじめ、本作りに関わる多くの人の想いがそのまま形となった、文化的遺伝子としての本には、大げさではなく、それだけの力が宿っていると思うのです。

沈下していく地盤の上で、他のみんなと一緒に身動きが取れないまま、大きな穴へと落ちていくのか？　それとも、重力に逆らって立ち上がり、前を向いて最前線で戦っていくことを選ぶのか？

星海社新書の目的は、戦うことを選んだ次世代の仲間たちに「武器としての教養」をくばることです。知的好奇心を満たすだけでなく、自らの力で未来を切り開いていくための〝武器〟としても使える知のかたちを、シリーズとしてまとめていきたいと思います。

2011年9月

星海社新書初代編集長　柿内芳文

SEIKAISHA
SHINSHO